【文庫クセジュ】

100語でわかるクラシック音楽

ティエリー・ジュフロタン著
岡田朋子訳

Que sais-je?

白水社

目次

まえがき　5
あ行　12
か行　62
さ行　93
た行　111
は行　125
ま行　139
や行　150

ら行 156
わ行 163
訳者あとがき 164
参考文献 i

まえがき

「目の前に楽譜もなく耳で聞くこともなしに言葉で音楽を語るのは、非常に厄介なことである」

ヴィルヘルム・フルトヴェングラー

（一八八六〜一九五四年、ドイツの指揮者）

クラシック音楽を語る一〇〇語ということであるが、この数は作曲家が使う三つの音部記号〔ト音記号、ヘ音記号、ハ音記号〕や、楽譜の五つの線や、音階をつくる一二の音よりもずっと多い。

しかし一〇〇という語の数は、クラシック音楽を語るには少なすぎる。実際、技術用語、暗語、他の芸術分野からの借用語、イタリア語、ドイツ語、およびその他の言語などで、あらゆる音楽用語をリストアップするのは、無謀というものだ。

つまり、一〇〇語だけを選ぶという作業は、故意であるなしにかかわらず、それ以外の幾百もの言葉を忘れるという危険な行為なのだ。それが幸いにも専断的というよりは文化的な行為であったとしても。

この本にある一〇〇語は、個人的な音楽人生に基づいておのずと浮き出てきたものである。読者は、同じようなテーマを扱った本ならどこにでも出てくる言葉や表現を目にするであろう。それは、ヴィヴァルディ、モーツァルト、ブラームスなどがすでに当時使っていた言葉でもある。それより使われる機会があまりない、もっと最近の言葉もある。そして、一見すればクラシック音楽の本にはあまり縁がないと思われるような言葉もある。

これからクラシック音楽を始めようと思っている読者も、どうか安心してほしい。この本に載っている文章は、専門家の説明でも音楽学者の論説でもない。難しい論調になりかけた時は、クロード・ドビュッシーが著者を優しく諭してくれた。「私は専門家は好きではない。専門をもつということは、自分の世界を狭くして、昔、木馬の手回しハンドルを回転させていた年寄りの馬が、あの有名な『ロレーヌ行進曲』にのって死んでいくのに似ている」と言いながら。

しかし、クラシック音楽の入門のための一〇〇語というのは、少し多すぎやしないだろうか？　芸術とは言葉で言い表わせないものなので、あらゆるものに名前をつけて分析しようとするのは、音楽の世界を狭めて限定してしまうことではないだろうか。そこで、作曲家で批評家だったレナルド・アーンが発した、クラシック音楽をあるべき場所に置き直すような、次の言葉を忘れないようにしよう。「音楽は、感動させるということよりもずっと神秘的な特性を持っている。それはイメージを創造して、鏡のように、思い出の中にかき消されていた何かを出現させる。もっと驚くべきは、未知だったのにすぐにそれと認めることができるようなものをイマジネーションの中に提示するのだ。」

まったくそのとおりだ。これは、普段クラシック音楽について語られる言論からずっと離れたところに位置している。

「クラシック」という言葉はそれだけで、ぎこちなさなど一つもない秩序だった思考を忠実に再現した、尊敬を強要するようなモニュメントを思い起こさせる。それは冷たく、完璧な、つまり何の長所もない規範化された音楽である。

クラシック音楽からは、このようなイメージがなかなか抜きされない。過去のものというだけではなく、どこか遠いところにある音楽というわけだ。

クラシック音楽をこのように考えるのは、あらゆる言語のあらゆる言葉をもってしても表現できない感動を伝える音楽作品が、激しい作曲や練習という作業だけではなく、イマジネーションや、情熱や、喜びや、そしてまた苦悩とともに生まれたという事実を忘れていることにならないだろうか。

用語目次

ア行

アカデミー
ア・カペラ
アコーデオン
アーベントムジーク
アリア（エール）
アルファベット
アンコール
アンティフォナ／アンセム
イタリア
ヴィルテュオーソ
ヴェリスモ
映画音楽
オーケストラ（管弦楽）
オペラ
オペレッタ
オラトリオ
オルガン／パイプオルガン
オルガンミサ
音楽愛好家、アマチュア
音楽一族
音楽院
音楽習得
音楽批評（評論）

カ行

家具の音楽
カサシオン（カッサツィオーネ）
カストラート
楽器製作者

合唱
カデンツァ
仮面劇（マスク）
カンタータ
強弱法（ニュアンス）
協奏曲
共鳴弦
金管楽器
近代音楽
組曲
クラシック（古典）音楽
グラスハーモニカ
グレゴリオ聖歌
傑作
弦／弦楽器
幻想曲
現代音楽
交響曲（シンフォニー）
広告
声／声部
コラール
コル・レーニョ

サ行

作品／作品番号
サルスエラ
指揮棒／マレット／〔弦楽器の弓の〕竿
四重奏
シャンブル、シャペル、エキュリ
十二音技法（ドデカフォニズム）
序曲
試練／試験
ジングシュピール
前奏曲

即興演奏
ソナタ

タ行

打楽器
多声音楽（ポリフォニー）
チェンバロ（独）、クラヴサン（仏）、ハープシコード（英）
チューニングピッチ／音叉
通奏低音
ディーヴァ
テンペラメント／調律／音律調整
テンポ
トッカータ
鳥

ハ行

バレエ
バロック
ピアノ
ビニウー
標題音楽
ファクシミリ
フィルハーモニー
フーガ
譜面台／楽器パート
フリカッセ
ベル・カント
変奏曲（ヴァリエーション）

マ行

マドリガーレ
マンハイム楽派
ミュージカル
ミュージック・コンクレート（具体音楽）

民衆音楽
盲目
木管楽器
モテット

ヤ行

夜想曲
有名人
ユーロヴィジョン

ラ行

ライトモティーフ
ラメント（哀歌）
リート（ドイツ歌曲）
レチタティーヴォ
ロマン派音楽

ワ行

和声（ハーモニー）／管楽器

本文中の＊は、一〇〇語のなかに含まれる用語であることを意味する。

見出し語の表記では、括弧（ ）は同じ言葉に別の言い方がある場合、／はフランス語の見出し語の邦訳にいくつかの意味または名称がある場合、として区別した。

アカデミー

この言葉はさまざまな意味で使われる。ウォルフガング・アマデウス・モーツァルトが父レオポルトや友人ヨハン・ミカエル・プッフベルグに宛てた手紙でアカデミーと語るとき、モーツァルト自身が自費でウィーンで開催したコンサートのことを指している。「アカデミー」を開催することで、彼は芸術家および演奏会企画開催者となったのである。一七八三年、皇帝ヨーゼフ二世はウィーンのブルグ劇場での「アカデミー」を鑑賞した。そこではモーツァルトの交響曲*の楽章の合間に、ピアノ*協奏曲二曲、ソプラノのアリア四曲、『ポストホルン・セレナード』（一七七九年）の抜粋および『パイジェッロのテーマによる変奏曲』（一七八一年）の抜粋が演奏された。モーツァルトにとって「アカデミー」は多くの場合、自作を売り込むプロモーション演奏会だったのだ。

フランスでは一六六九年創設の王立音楽アカデミー、別名オペラ・アカデミーのことを指す。これはのちに国立パリ・オペラ座となる。創設時には、音楽つき戯曲〔オペラ〕の上演権を独占していた。パリだけでなく王国全土でオペラを上演するため、アカデミーは歌手の一団、オーケストラ*の楽団、バレエ団を擁していた。*

当初は王立音楽アカデミーは独自の収入にたよっていたが、革命後は国から助成金を受け取るようになった。一六六九年から一八七三年にかけて、アカデミーの所在地は一一回も変わっている。最終的には一八七五年一月五日にシャルル・ガルニエ設計のオペラ座が開場し、現在に至っている。また、一九八九年には二番目のオペラ座となるバスティーユ・オペラ座が落成・開場した。

アカデミーはまた、「ヴィラ・メディシス」の名で知られるローマのフランス・アカデミーのことも指す。一八〇三年以降、ローマ大賞を得た作曲家、画家、彫刻家、建築家が、作品制作のためにここに滞在した。大賞を受賞しヴィラ・メディシスの寄宿生となった作曲家には、エクトル・ベルリオーズ（一八〇三～六九年）、シャルル・グノー（一八一八～九三年）、ジョルジュ・ビゼー（一八三八～七五年）、ジュール・マスネ（一八四二～一九一二年）、クロード・ドビュッシー（一八六二～一九一八年）、アンリ・デュティユー（一九一六～二〇一三年）などがいる。ローマ大賞の試験は一九六八年、当時の文化大臣アンドレ・マルローによって廃止され、それ以降は書類審査で寄宿生が選抜されている。二〇一〇年、ロックシンガー、作曲家、ギタリストのクレール・ディテルジが、ヴァリエテ〔広い範囲での歌謡曲〕の分野で初めてヴィラ・メディシスの寄宿生となったが、古典的な音楽伝統の支持者から激しい抗議をあびた。

ア・カペラ

「ア・カペラで歌う」という表現は、文字通りに解釈すると「礼拝堂のやりかたで歌う」という意味になる。つまり、楽器の助けまたは伴奏なしに、単独または複数の声部*で歌うということである。この言葉の意味はよく知られているが、言葉の起源となるとあまり知られていない。

「ア・カペラ」はラテン語で「礼拝堂で」という意味である。具体的には、当時のカトリック教会で最高の礼拝堂、ヴァチカンのシスティーナ礼拝堂（一五〇八～一二年建設）のことを指している。この礼拝堂は、ミケランジェロ（一四七五～一五六四年）の名前および、彼が天井と最奥部の壁に描いたフレスコ画と切っても切り離せない。のちにサン・ピエトロ聖堂がカトリック世界の中心となるまで、教皇付き合唱隊*がこの礼拝堂にその歌声を響かせていた。子供と男性のみからなるこの聖歌隊は、合唱隊のモデルとして全ヨーロッパで模倣されたのである。

一八三〇年にローマを訪問したフェリックス・メンデルスゾーン（一八〇九～四七年）は、お世辞にも賛辞と言えない証言を残している。「教皇の歌手たちは、年をとってしまった。彼らの大部分は音楽家とはいえない。伝統的な楽曲さえ満足に演奏できないし、全部で三二人の合唱隊が全員そろうことはまずない。(1)」

(1) 参考文献【1】。

ヴォルフガング・アマデウス・モーツァルト（一七五六～九一年）は、一七七〇年のローマ滞在時にこの合唱隊の演奏を聴いているが、演奏の質には一切触れず、模写を禁止されたある曲を、記憶だけで楽譜におこしている。伝承では、モーツァルトがこの曲を聴いたのはたった一回だけだとされている。その曲とは、「ア・カペラ」で演奏されたグレゴリオ・アレグリ（一五八二～一六五二年）の『ミゼレーレ』であった。アレグリは、システィーナ礼拝堂の作曲家で、礼拝堂つき司祭聖歌隊の一員だった。

アコーデオン

多くの楽器と同様、アコーデオンには何人かの発明者がおり、少なくとも二か所で同時に発明されたとされている。それによると、アコーデオンは十九世紀前半にロンドンとウィーンで生まれた。それ以外については、詩人で歌手のレオ・フェレ（一九一六～九三年）がよく語っている。

貧乏人のピアノは
首に巻きついてる
甘ったるいシャンソンなんか
トスカニーニにはどうでもいいんだ
でも畜生なんかじゃなくて
何にでもよく応えてくれるんだ
好みは雑多で
ソナタでもジャヴァでも

コンチェルトでもポルカでも
音楽ならなんでも好きなのさ(1)

（1） 参考文献【2】。

アコーデオンの歴史はさまざまで、村や町の大衆舞踏会と密接につながっているが、クラシック音楽の楽器として確固たる地位を持っている。チャイコフスキー（一八四〇〜九三年）がオーケストラ*と四つのアコーデオンのために書いた『組曲第二番』作品*五十三や、フランスの作曲家ジャン・ヴィエネール（一八九六〜一九八二年）やジャン・フランセ（一九一二〜九七年）のアコーデオン協奏曲などは、忘れられた名曲である。しかしながらアコーデオンはいまだに、あまりよくない意味で大衆的な楽器と考えられている。

パリ国立高等音楽院*にアコーデオンのクラスが創設されたのは、やっと二十一世紀にはいってからのことである（二〇〇二年）。教授で彼自身アコーデオン奏者のブリュノ・モーリス(1)の次の言によると、アコーデオンはまだ充分に認められているとは言えない。「現代でもまだ、専門家は『アコーデオン』と口にするのを避けています。その名があまりにも大衆的で田舎風なものを想起させることを恐れているのです。そこで、婉曲的に『コンサート・アコーデオン』や『クラシック・アコーデオン』、さらには『バイヤン』などという呼び名を使うのです。」

（1） 参考文献【3】。

「サスペンダーつきピアノ」は別として、「わななきの箱」「肺の弾み」「悲しみの箱」「シラミの鞴（ふいご）」など、これまで使われてきたその他のあらゆる別名はだんだんと廃れて使われなくなってきたが、これはアコーデオンという楽器の地位が変化し、尊敬を得ているサインと考えられよう。

リシャール・ガリアノ（一九五〇年生まれ）は有名なドイチュ・グラモフォン・レーベルから録音を出し、クラシックの名曲を多く演奏しているが、彼のおかげでアコーデオンのイメージが大きく変わったといえる。彼は言う。「ある日、バッハはアコーデオンのために作曲したように感じました。彼の音楽は指にすんなりはいってくるのです！」（AFP通信、二〇一〇年四月十日）。

アーベントムジーク

文字通りに訳すと、「夜の音楽の集い」の意味にでもなろうか。ドイツ北部のリューベックでは、十七世紀半ばからこれが地方を越えて名声を轟かせるような非常に重要な音楽行事となった。聖マリア教会では、聖務というよりはコンサートに近い一連の演奏が行なわれていたが、その中心となったのは作曲家でオルガニストのディートリッヒ・ブクステフーデ（一六三七〜一七〇七年）である。

その起源は、ハンザ同盟の大規模な市《いち》の期間中、リューベックに滞在していた商人たちを楽しませるために行なわれた催しである。ブクステフーデはこれを再組織し、これまで行なわれていた週日の夜ではなく、日曜日の午後に開催するようにし、とくに、待降節〔クリスマス前の四週間〕のあいだにアーベントムジークを開いた。その資金は大の音楽愛好家でもあった街の富裕な商人たちが出資したが、時には支払いが滞ることもあったらしい。現代のわれわれにとっては、これは一時的な心配の種でしかないように見えるが、当のブクステフーデにとっては深刻な問題だったようだ。作曲家の死後二八〇年近くたって一九八一年に発見された四通の手紙には、資金がとても少ないことや、その資金の支払いがきちんと行なわれないことへの不満が綴られている。

リューベックのブクステフーデのもとには、アーベントムジークで、彼が聖マリア教会のオルガン*を演奏するのを聞こうと、彼の音楽を崇拝する多くの音楽家がやって来た。中でも二つの名前が、十八世紀はじめのブクステフーデの名声をよく物語っている。一人はゲオルグ・フリードリッヒ・ヘンデル（一六八五〜一七五九年）で、一七〇三年、十八歳でリューベックを訪ねている。もう一人はヨハン・ゼバスティアン・バッハ（一六八五〜一七五〇年）である。ヘンデルの訪問の二年後、やっと二十歳になったばかりのバッハは、巨匠ブクステフーデの音楽を聞き、彼に教えを乞うために、生地テューリンゲン地方を離れ、なんと徒歩で片道四〇〇キロメートルもの道のりを旅したのである。

アリア（エール）

これだけで、クラシック音楽*のすべてを、少なくともその精神を要約している。静寂または無からもぎとった息遣いとしての「アリア」は、歌詞があるなしにかかわらず、てらいのないメロディとして聞くことができる。小さな音楽の源と言ってよい。しかし、アリア（またはエール）はまた、強い流れをほこる大河のように、大規模な楽曲として、ソリストの歌手がオーケストラ*の伴奏で朗々と聞かせる華々しい大曲でもある。モーツァルトが作曲したコンサート・アリアは、それだけでひとつの独立した芸術作品である。

ジャン＝ジャック・ルソーは自著『音楽辞典』（一七六八年）で、アリアを「シャンソン〔ここではおもに有節詩のことを言う〕や、歌うのに適した小規模な詩の言葉に合わせてつくった歌曲を言う。そこから、そのシャンソンそのものをアリアとも言う」と解説している。

フランスではエールという語は十六世紀末に表われ、変奏曲*になるような器楽曲に使用されていた。時代が経るにつれて、エール・ド・クール（宮廷歌）、エール・セリユー（正歌）、エール・ア・ボワール（酒歌）、エール・ド・コンセール（コンソート用アリア）などが現われた。

十八世紀になると、ナポリのオペラ*にみられるアリア・ダ・カーポが通常のアリアの形式となった。これは三部構成で、その第三部は通常、第一部に装飾をつけて反復したものである。当時アリア・ダ・カーポは、宗教音楽および世俗音楽で、独占的な位置を占めていた。

アリアの発展は、オペラの変遷や成功と密接にかかわっている。十九世紀には、アリアと伴奏つきレチタティーヴォ*の両方の性格を持つアリオーソの形をとるようになった。

その性格上声楽的な要素をもつアリアだが、純粋に器楽曲の場合もあり、オーケストラ（ヨハン・ゼバスティアン・バッハ『組曲ロ短調』のアリア）や、器楽独奏（セザール・フランク（一八二二〜九〇年）、『前奏曲、アリア、終曲』）などで演奏される。

アルファベット

ロジャース（一九〇二〜七九年）とハマーシュタイン（一八九五〜一九六〇年）のミュージカル*『サウンド・オブ・ミュージック』（一九五九年）では、家庭教師マリアと、フォン・トラップ家の子供たちが『ドレミの歌』を歌う。これによって、十一世紀のイタリアのベネディクト会修道士ギ・ダレッツォ（九七五年頃〜一〇四〇年頃）の発明が、ポピュラーなレパートリーに導入されたのである。ギ・ダレッツォは、八世紀の詩人パウルス・ディアコヌス（七二〇〜七九九年）が書いた洗礼者聖ヨハネへの讃歌の各行の最初の音節を、音階の各音に当てることを思いついた。

Ut queant laxis
Resonare fibris
Mira gestorum
Famuli tuorum
Solve polluti
Labii reatum
Sancte **I**ohannes

読みやすくするため、のちに「ウト」の代わりに「ド」が使われるようになった。
英語・ドイツ語圏では、これらの代わりにアルファベットの文字が使われている。

A　ラ（イ）

B　シ・フラット（変ロ）
C　ド（ハ）
D　レ（ニ）
E　ミ（ホ）
F　ファ（ヘ）
G　ソ（ト）
H　シ（ロ）

このシステムによると、ある言葉や名前をもとに音楽を書くことができる。ヨハン・ゼバスティアン・バッハは自分の名前を変ロ・イ・ハ・ロの四つの音に当てはめ、そこからいくつかの楽曲を作曲している。バッハはとくにこれを、未完の最後の作品『フーガの技法』（一七五一年出版）で展開している。

アンコール

アンコール（仏語で「ビス」）は、コンサートのプログラムを終えた後で、演奏家が聴衆の暖かい拍手に感謝する意味で演奏する作品のことである。音楽の喜びをさらに長く分かち合う行為でもある。アンコールの作品は、プログラムですでに演奏されたものの場合、最後に演奏された作品であることが多いが、選曲にはとくに決まりはなく、当日のプログラムにはないレパートリーの代表作が選ばれることも多い。

こんにちでは、演奏家にとって、アンコールはほとんどコンサートの一部となるくらい、必然的なものとなっている。一人の演奏家が開くリサイタルの場合はなおさらであるが、オーケストラ*の演奏会でもアンコールが演奏されることがある。

アンコールが一曲だけで終わることは稀で、二曲目、三曲目、時には四曲目まで演奏されることもある。こうなると、アンコール曲が、熱情的な曲と静かな曲を混ぜ合わせたひとつのプログラムを形成するといえる。

二〇一〇年のラ・ロック・ダンテロン国際ピアノ音楽祭では、ブリジット・エンゲラーはリサイタルでアンコール曲を六曲も演奏した。ダニエル・バレンボイムは、七歳で初めて公開演奏を行なったとき、なんと七曲ものアンコール曲を演奏した。これは当時の彼が、ピアノリサイタル*で演奏できる曲のすべてだったという。これらの例は、英語圏で使われる「アンコール」という言葉（フランス語で「もっと」「再び」の意）がどれだけ正当なものであるかを物語っている。

最も長いアンコールは、ピアニストのルドルフ・ゼルキンが、ヨハン・ゼバスティアン・バッハの『ゴールドベルグ変奏曲』（一七四〇年頃）全曲を演奏したという例であろう。これだけでなんと一時間かかる。[1]

（1）参考文献【4】。

オペラ*の歴史には、おそらく唯一といえるようなアンコールの例がある。それは、ドメニコ・チマローザ（一七四九〜一八〇一年）の『奥様女中』が、一七九二年の初演の夜、皇帝レオポルト二世の要請で、アンコールとして全曲演奏された例である。しかしこれは皇帝による希望であって、民衆の要求に応じたものとは言いがたい。

アンコールが芸術家と聴衆の両方に喜びをもたらした例として、エクトル・ベルリオーズが一八六六年十二月十六日に、ウィーンでの『ファウストの業罰』の大成功の直後に友人のベルトルト・ダンケにあてた電報を挙げておこう。電報にはこう書かれていた。「アンコールとカーテンコールという二本のワインを飲まれよ。大成功。」

アンティフォナ／アンセム

アンティフォナ（仏語でアンシエンヌ）は、もとは、カトリックの儀典で、詩篇の前と後に歌われる単純な短いメロディを指した。「返答する声」というギリシア語の意味から、数人の歌手がふたつのグループに分かれて交互に歌っていたことが推測されるが、それがふたつの合唱団であったという確証はない。

アンティフォナはイギリス正教会に導入されてアンセムとなる。アンセムは、オルガン*またはオーケストラ*を伴う、またはア・カペラ*の合唱曲をさす。テキストは旧約聖書、とくに詩篇からの抜粋で、英語である。「フル・アンセム」はカトリックのモテット*と似ており、合唱*とオーケストラを含む大規模な作品であることが多い。より小規模なものとしては、「ヴァース・アンセム」があり、合唱と一人または数人のソリストが交互に歌うような音楽となっている。いずれにせよ、これらには決定的な形式が存在しない。

ウィリアム・バード（一五四三～一六二三年）やオーランド・ギボンス（一五八三～一六二五年）の作品によって、アンセムはその地位を得た。ジョン・ブロウ（一六四九～一七〇八年）は一〇〇曲ほどのアンセムを作曲している。他に、アンセムの巨匠として、ヘンリー・パーセル（一六五九～九五年）が挙げられる。

イギリスに帰化したゲオルグ・フリードリッヒ・ヘンデルは、ジョージ二世と女王キャロラインの戴冠式のために、一七二七年に四曲からなる『ジョージ二世の戴冠式のためのアンセム（コロネーション・アンセム）』（『司祭ザドク』『汝の御手は強くあれ』『主よ、王はあなたの力に喜びたり』『わが心は麗しい言葉にあふれ』）を作曲している。

イタリア

イタリアは、統一国家となる前の十七～十八世紀に、音楽という最も恐るべき武器で全ヨーロッパを征服していた。各国を誘惑するために、作曲家や演奏家から楽器や音楽形式に至るまで、あらゆる手段を使ったのだ。ソナタ*、コンチェルト*、オペラ*、オラトリオ*、カンタータ*等々、すべてがイタリア起源である。モンテヴェルディ、カリッシミ、コレッリ、ヴィヴァルディなどの作曲家に加えて、アマーティ、グァルネリ、ストラディヴァリ、クリストフォリなどが、征服の道具となる楽器を制作した。イタリア人なくしていかなる国もなく、イタリア人の作曲家やイタリア人からなるオーケストラ*なくして、いかなる宮廷も公国もなかったのだ。それに加えて、町から町へ流し歩いていた巡業団も忘れてはなるまい。ロンドンでも、ドレスデンでも、ウィーンでも、プラハでも、パリでも、あらゆる街で、アリア*やリチェルカーレやソナタが我がもの顔で歩いていた。パリでは、リュリ（彼はフィレンツェの生まれである！）の〔フランス音楽を宣揚する〕あらゆる努力をもってしても、イタリア音楽がなくなることはなかったのである。

非常にフランス的なフランソワ・クープランが、最初の作品の一つ、『ソナタ』を演奏会の曲目にかけたとき、イタリア風にフランチェスコ・コペルーニ（または名前の綴りを並び替えてペクリーノあるいはヌペルチオ）という名前を使った。イタリア風の名前のほうが成功する確率が高いと考えたからである。ずっと後になってその種明かしをしたとき、彼は「イタリア化した名前の仮面のもと、大きな拍手が寄せられた(1)」と書いている。

（1）参考文献【5】。

島国精神が強いイギリスも、イタリアを広く受け入れている。ヘンリー・パーセルは一六九一年にセミ・オペラ『ダイオクリージャン』の序文で次のように表明している。「最良の師であるイタリア芸術から学び、フランス芸術を少々研究するのが、（イギリスの）音楽にさらなる輝きと優雅さを添える方法である。」その三〇年後、『ミュージカル・グラマリアン〔楽典〕』（一七二六〜二八年）の著者ロジャー・ノースはこう書いている。「申し分なくすばらしいパーセルは、音楽がもたらしてくれるあらゆる魅力の模範を示した。しかし残念なことに、彼がそのおおいなる才能を見せたのは、イタリア風の改革が起こる前だった。」

イタリアの魅力に引きつけられて、多くの作曲家が当地に赴いている。ゲオルグ・フリードリヒ・ヘンデルは、ローマ、フィレンツェ、ナポリ、そしておそらくヴェネツィアなどに滞在しながら、三年間にわたってイタリア国内を旅した。

ヴォルフガング・アマデウス・モーツァルトは三度、イタリアを旅している。最初は一七六九年（当時彼はまだ十四歳にもなっていなかった）で、手紙に「ドイツではヴォルフガング、イタリアではモーツァルティーニのアマデオ」と署名している。一七七一年と一七七三年に行った二回目と三回目のイタリア旅行では作曲の注文も受け、芸術的にも大きな実りをもたらすものだった。

イタリアの魔法はその五〇年後も衰えてはおらず、一八三〇年十月十日、ヴェネツィアに到着したばかりのフェリックス・メンデルスゾーンは、「とうとうイタリアにやってきた！　物心着いた頃からの人生最大の夢が、ついに叶ったのだ[1]」と書いている。
（1）参考文献【1】。
イタリアに旅するということは、「静寂、愛、死が、まったく柔らかに享楽的なひとつの交響曲*の中に溶け合うような、すばらしい国に入るということだ。そこでは、好まずとも、あらゆる魂が詩となっているのだ。[1]」
（1）参考文献【6】。
ヨハン・ゼバスティアン・バッハは、イタリアを知ってイタリア音楽から学ぶのに、当地まで旅する必要はなかった。彼はヴィヴァルディを編曲し、レグレンツィのテーマを借用し、『アリア・ヴァリアータ・アラ・マニエーラ・イタリアーナ〔イタリア作法のさまざまなアリア〕』を作曲した。イタリアは長きにわたって、音楽の手本だったのだ。

ヴィルテュオーソ

バッハ、ラフマニノフ、リスト、ブラームス、パガニーニ、コレッリ、タルティーニ……。彼らは皆作曲家であり、ヴィルテュオーソだった。作曲家の定義は明快だが、ヴィルテュオーソと言うときは、主観的な判断によることが多い。この語は数々の音楽事典でさまざまに解説されてきた。セバスティアン・ド・ブロサールは、十八世紀はじめに、おそらくフランスで最初に、この語を「理論にせよ芸術の実践にせよ、これらを、われわれと同じようによく行なう人びと以上に、われわれを秀でさせてくれるような、器用さや巧みさの才能に長けていること」[1]と定義した。つまり、ヴィルテュオーソとは、優秀な音楽家のことである。この点では、ヴィルテュオジテ（技巧性）とヴィルテュオーソは異なっている。楽器を演奏する音楽家は皆、技巧的な才能を持っているが、これはヴィルテュオーソとは別である。ヴィルテュオーソは、神技的な技術を披露できることで知られているが、つねにそれを見せるわけではない。一時の演奏によってヴィルテュオーソとなるわけではなく、卓越した見事な演奏をいくつも行なうという名声によってそうなるのである。もちろん、見事な演奏をするためにはつねに腕を磨き続ける必要がある。

参考文献【7】。

はあるが、この語は暗に表面的な事がらとつなげて使われることも多い。技術だけで感情ォないという考えである。一部の音楽家は、楽譜にかかれた音符だけを伝え、その困難さ〔を演奏すること〕のみでよしとする。このようなヴィルテュオーソは、「技術者」でしかない。本当のヴィルテュオーソは何かを聞かせようとするものである。これについて、一八三七年にハインリッヒ・ハイネは次のように語っている。「ショパンは、彼の手のすばやい動きに対して他の人びとが手を叩いて拍手することに満足しない。もっと素晴らしい成功を得ることを望んでいるのだ。つまり、彼の指は魂の僕（しもべ）でしかなく、その彼の魂が、耳だけでなく魂で聞くことができる人びとの拍手を得る、という成功である。」

ヴェリスモ

ヴェリスモはよく、十九世紀おわり、オペラ*でジュゼッペ・ヴェルディの後に続く期間であるとされるが、これは間違いであり、説明としては単純すぎる。より正確に言うと、まず文学から始まり次に音楽に至ったイタリアの芸術運動で、フランスの自然主義に近い。

ヴェリスモという悲劇的現実主義の定義を探すと、ルッジェーロ・レオンカヴァッロ（一八五七〜一九一九年）のオペラ『道化師』（一八九二年）のプロローグ〔前口上〕に、ヴェリスモのマニフェストとれる部分がある。

「作者は昔ながらの仮面喜劇をよみがえらせますゆえに、昔の舞台作法をとりあげたいということで、私を送り出したのでございます。しかしそれは昔のように、『私どもが流す涙は偽りです！　私どもの痛みも苦悶も、ご心配には及びません』などと申すためではございません。いいえ、違います！　作者は、人生の片鱗を描くことを試みたのでございます。作者のただひとつの基準とは、役者も一人の人間で、作者は人間のために書かねばならない、真実に霊感を得なくてはならないということなのです。（中略）それゆえ、本当の人間が愛し合うように、愛し合う姿をご覧になることでしょう。憎しみが不吉な結果をもたらすのをご覧になれましょう。不安に苛まれる苦しみを、激高の叫びを、皮肉な笑いをお聞きになれましょう。」

つまりヴェリスモは、人生の断片を舞台上で表現し、登場人物たちをより人間的にするものなのである。

ヴェリスモは軽蔑的な意味でとられることも多い。ルネ・デュメニル（一八七九〜一九六七年）は、「表面的でぞんざいなこのような音楽は、まったく魂に語りかけることがなく、単に感覚に訴えるだけで満足している」[1]とまで言っている。

（1）参考文献【7】。

ヴェリスモは十九世紀から二十世紀の変わり目の短い期間に見られたが、その代表作曲家は、ピエトロ・マスカーニ（一八六三〜一九四五年）、ルジェッロ・レオンカヴァッロ、ウンベルト・ジョルダーノ（一八六七〜一九四八年）である。

映画音楽

サン＝サーンスは、クラシック音楽*と映画音楽の両分野に次の二つの理由で深く名前を残している。一つは、彼の作曲になる『動物の謝肉祭』のなかの「水族館」が、カンヌ映画祭の公式テーマ曲として使われているからである。もうひとつは、彼が世界で最初に映画音楽を作曲した音楽家だからである。一九〇八年に撮影された無声映画『ギーズ公爵の暗殺』のために、約一八分の音楽を作曲しているのだ。

映画の発達にともなって、映画とは独立した映画音楽の音源〔サウンドトラックまたはオリジナルサウンドスコア〕が生まれると同時に、クラシック音楽を学んだ欧米の作曲家たちが、かつては軽んじられていた映画音楽を芸術分野の高みにまで押し上げた。マックス・スタイナー（『風と共に去りぬ』一九三九年）、フランツ・ワックスマン（『サンセット大通り』一九五〇年）、ジョン・バリー（『007ゴールドフィンガー』一九六四年）、エンニオ・モリコーネ（『ウエスタン』一九六八年）、ジョン・ウィリアムス（『スターウォーズ』シリーズ、一九七七〜二〇〇五年）などである。フランス人作曲家では、モーリス・ジャール（『ドクトル・ジバゴ』一九六五年）、アントワーヌ・デュアメル（『気狂いピエロ』一九六五年）、フィリップ・サルド（『すぎ去りし日の…』一九六九年）、ジョルジュ・ドルリュー（『リトル・ロマンス』一九七九年）、ガブリエル・ヤレド（『イングリッシュ・ペイシェント』一九九六年）、アレクサンドル・デスプラ（『英国王のスピーチ』二〇一〇年）などが挙げられる。

厄介な事に、映画音楽によって、それを書いた作曲家の他の作品が忘れられるはめになることが非常に多い（つねに、と言うべきか？）。たとえばニーノ・ロータ（一九一一～七九年）。彼は『ゴッドファーザー』（一九七一、一九七四、一九九〇年、コッポラ監督作品）の有名なテーマや、『サテリコン』（一九六九年、フェリーニ監督作品）や『オーケストラ・リハーサル』（一九七八年、同）などの音楽を作曲し、彼の名は、フェデリコ・フェリーニ監督（一九二〇～九三年）と切っても切り離せないものとなっている。しかし、彼が一〇曲のオペラ、バレエ音楽数曲、ピアノ協奏曲*、『夕べのコンチェルト*』を含む器楽曲を多く作曲していることは、あまり知られていない。アメリカの作曲家にも同じような状況を当てはめる事ができる。エーリッヒ・コルンゴルドは、一九三〇～四〇年代のハリウッド映画音楽の顔だったが、オペラ『死の都*』（一九二〇年）や、ヴァイオリン協奏曲なども作曲している。

フランスでは、ダリウス・ミヨー（一八九二～一九七四年）の弟子だったジョルジュ・ドルリュー（一九二五～九二年）は、映画音楽にも、テレビの音楽にも優れた作品を残している。彼は、これらの注文に、個人的にも作曲家としてもおおいに満足していた。いわく、「映画音楽で得られる大きな喜びのひとつに、自分が書いた音楽をほとんどすぐさま聴けるということがある。私はオーケストラ曲なども書いたが、一〇年も前から簞笥に眠ったままだ。作曲家にとって、自分が書いた曲がまったく演奏されないことほど欲求不満を引き起こさないことがあるだろうか。ところが、映画音楽を作曲すれば、楽譜のインクが乾かないうちに、その曲を指揮し、曲を聴いて訂正する事ができるので、オーケストレーションと言う点でまったく素晴らしい進歩を遂げる事ができるのだ。」(1)

（1）作詞家作曲家楽譜出版者協会（SACEM）に寄せた文章、一九九二年。

オリヴィエ・メシアンに師事したアントワーヌ・デュアメルは、より慎重だ。「ピエール・ジャンセン、ジョルジュ・ドルリュー（……）など、私と同じように、映画音楽を多くつくっている作曲家は、いわゆる真面目な作曲家として受け止められることがあまりにも少ない。まるで悪魔に触れてしまったかのように。現在では、真面目な作曲家の多くが映画音楽に手をつけたいと考えているにもかかわらず、音楽家としての価値をさげたくないことから、これに踏み切れないでいるのだ。[1]」

（1）一九九一年創設の現代音楽を広く普及させることを目的とした音楽協会ミュージック・ヌーヴェル・アン・リベルテ（**Musique nouvelle en Liberté**）のウェブサイトにあるフランソワ・ピアティエの見解。

クラシック音楽をもじった例としては、ジョルジュ・ロートネル監督（一九二六～二〇一三年）の『レ・トントン・フラングール〔ムッシュー・ギャングスター〕』（一九六三年）のためにミシェル・マーニュ（一九三〇～八四年）が書いた、たった四つの音にインスピレーションを受けた音楽がある。作曲家は、これはコレッリのソナタ*の抜粋によると言ったそうだが、実際はもっと単純で、カリヨンらしい。または、チャイコフスキーのピアノ協奏曲第一番終楽章のテーマの最初の音符だということもできる。

映画音楽として、クラシック音楽の抜粋を自作映画に使う監督も多い。フランソワ・トリュフォー（一九三二～八四年）の『黒衣の花嫁』（一九六七年）ではヴィヴァルディが、スタンレー・キューブリック（一九二八～九九年）の『二〇〇一年宇宙の旅』（一九六六年）ではリヒャルト・シュトラウス、リゲティ、ロッシーニが、フランシス・フォード・コッポラ（一九三九年生まれ）の『地獄の黙示録』（一九七六年）

ではワグナーが、シドニー・ポラック（一九三四〜二〇〇八年）の『アウト・オブ・アフリカ』（一九八六年）ではモーツァルトが効果的に使われている。

オーケストラ（管弦楽）

オーケストラとは、祝祭の機会に集う大家族のようなもので、この場合の祝祭とはもちろんコンサートである。この大家族の中心は、ヴァイオリン、ヴィオラ、チェロ、コントラバスから成る弦楽器*群だ。祝祭には他の楽器群にもお呼びがかかる。金管楽器*（トランペット、トロンボーン、ホルン等）、木管楽器*（フルート、オーボエ、ファゴット、クラリネット等）、打楽器*（ティンパニ、シンバル、木琴等）である。

オーケストラを構成する楽員の数は、バロック音楽*でよく見られる数人の構成から、十八世紀のレパートリーに理想的な「モーツァルト編成」とも言われる約三〇人ほどのもの、さらには一〇〇人に至る管弦楽までと、さまざまだ。

オーケストラの内部では、ある種の序列が存在する。各楽器パート*にはリーダーがいるのだ。ドイツ語圏で「コンツェルトマイスター〔コンサートマスター〕」と呼ばれる第一ヴァイオリンのリーダーは、同パートのリーダーであると同時にヴァイオリンのソロを弾くこともあり、指揮者とオーケストラ全体の橋渡しの役割を担っている。楽員がコンサートの直前に、オーボエが出すラの音にあわせて調子を整える時は、コンサートマスターの指示に従って行なう。

現代のオーケストラ配置は、多少の違いはあれ、大体どこでも同じである。弦楽器が舞台の前方に構え、木管・金管楽器、打楽器がその後ろに陣取っている。違いが見られるのは、各楽器群の内部での配置であろう。しかし弦楽器が観客に最も近い位置にいるというのは変わらない。この配置は、トランペットやオーボエよりも弦楽器の弓の動きの方がずっと動きがあって見応えがあるというような、見た目がきれいであるという理由からではなく、技術的・音楽的な理由による。音楽史の専門家によると、楽員と指揮者の位置を革新したのは、ドイツの作曲家、カルル・マリア・フォン・ウェーバー（一七八六～一八二六年）である。「それまでの配置〔オペラのオーケストラピットの配置〕では、指揮者はオーケストラの真ん中におかれたピアノ*の前に座り、チェロとコントラバスは指揮者の肩越しに、第二チェロと第二コントラバスは指揮者の前に陣取って、トロンボーンはヴァイオリンとヴィオラの楽員の真ん中に座っているという具合だった。トランペットと打楽器は、上手〔かみて、舞台に向かって右側〕の、〔舞台に最も近い〕王の席の下に潜り込む、ほとんど指揮者からは見えない場所におり、木管楽器と上記以外の楽器は、下手（しもて、舞台に向かって左側）に座っていたのである。[1]」

（1）参考文献【8】。

以上のごとく、ウェーバーが十八歳で指揮者に任命されたブレスラウのオペラ座では、オーケストラの楽員はおもいおもいに気持ちよく座れる場所に陣取っており、指揮するのも、よい音響を得るのもまったく難しい状況だったのだ。

オーケストラ楽員という仕事は、時代を経るにつれて、大きな変遷をとげてきた。

十八世紀はじめには独立した芸術家は存在せず、音楽家も、独自のオーケストラをもっていた王の宮廷や、貴族や、教会や、街に仕えていた。音楽家たちの生活や仕事の条件などは、雇い主によってまちまちだった。ヴェルサイユでは、ルイ十四世の庇護のもと、音楽家たちの境遇は望ましいものだったが、逆に、貴族や公館などに仕えていた音楽家の仕事は大変な量だった。演奏会、ダンス、宗教的な典礼音楽、屋外での音楽、さらには狩猟のための音楽などを、少ない給料で作曲しなければならず、その上、彼らの仕事が評価されることはほとんどなかった。音楽家は召使いに属し、下僕服を着用していたのである。

経費節約のため、音楽家が音楽以外の任務を果たすように命じられる事もあった。たとえば、オーボエ奏者が馬車の御者にもなるなどである。ジャン＝バティスト・リュリは、ヴァイオリニストであると同時に料理人としても働いていた(1)。ヨハン・ゼバスティアン・バッハは二十歳の時、ワイマールの宮廷でヴァイオリニスト兼召使いとして月給雇いとなった。当時の音楽家には、通常、少なくとも二つ以上の楽器が演奏できることが求められた。たとえばオーボエ奏者は多くの場合が同時にフルート奏者でもあったのだ。

（1）参考文献【9】。

教会や市当局の音楽家の境遇は望ましく、羨望の的だった。払いもよく、自由も多く、職業としてとくに安定していたのだ。オーケストラには、初期の段階からヒエラルキーが存在していた。トランペットとティンパニ奏者は特別に優遇され、給料は他の団員よりもよかった。トランペットのイメージは位の高い貴族や教会と密接に関わっていたので、給料も高く待遇もよかったのである。これは、楽譜にも如実に表われている。トランペットのパートは、他の楽器を凌駕するかのように、総譜の一番上に書かれている。この状況はヨーロッパのほとんどの国で見られたが、イタリア*だけは、弦楽器が管楽器よりも社会的に高い地位にあった。

オーケストラ楽員の世界やその労働条件は時代によってさまざまに変化したが、リュリの弟子だったゲオルグ・ムファットが残した忠告は、現在でも充分適用でき、オーケストラによってはこれを取り入れる事でよりうまくやっていける楽団もある。ムファットいわく「それぞれの楽器の音をきちんとあわせる事によく気をつけなければならない。これはできるならば聴衆がやってくる前に行なうのが望ましい。あるいは、できるかぎりわからないように素早く行なうべきである。演奏を始める前には、あらゆる雑音や、場や耳をいっぱいにするような雑多なプレリュードをならす事は避けるべきである。人びとが待ちかねているサンフォニー〔楽曲、管弦楽曲〕の前に嫌な思いをさせるからである。[1]」

（1）参考文献【10】。

オペラ

史上最初のオペラは、クラウディオ・モンテヴェルディの音楽物語『オルフェオ』（一六〇七年）とされているが、ジュリオ・カッチーニの『エウリディーチェ』（一六〇〇年）またはヤコポ・ペーリ（一五六一〜一六三三年）の『ダフネ』（一五九八年）という説もある。これについては音楽学者のあいだでも決定的な説はない。オペラ（オペラ・イン・ムジカつまり「音楽作品」の意）は無から生まれたものではないからだ。既存の芸術表現、とくに世俗マドリガーレや「サクラ・ラプレセンタッツィオーネ〔宗教劇〕*」のバレエやインテルメッツォなどの、発展と統合によって生まれたものなのだ。

十六世紀おわりのトスカーナ地方。メディチ家の後押しを受けて、古代ギリシア芸術を宣揚する作曲家や詩人たちが、「カメラータ・フィオレンティーナ」の名の下に集っていた。彼らは「レチタール・カンタンド」つまり歌うような朗唱が特徴の娯楽的な音楽を創出しようとしていた。それは、テキストを音楽で装飾することでその美しさを全面に押し出そうというものだった。

一六〇七年二月三日、『オルフェオ』の初演の前日、カルロ・マーニなる人物が弟ジョヴァンニに一通の手紙を送った。そこに書かれていたことは音楽革命を予告していた。「明日の夜、大公閣下は、すべての俳優が音楽で台詞を朗読するという、奇妙なコメディを上演されます。」

しかしてオペラが生まれたのである。現在ではオペラは、歌、劇、踊り、舞台装飾、衣装などを取り合わせた総合芸術の同義語となっている。

この「正式デビュー」の前に、オペラは実験ともいえる試みを行ない、成功している。一五七四年にフランス王アンリ三世がヴェネツィアを訪れた際に演奏された、クラウディオ・コルネリオ・フランジパーネの悲劇『プローテオ、パストーレ・デル・マーレ〔海の羊飼いプローテオ〕』のために、クラウディオ・メールロ（一五三三～一六〇四年）が作曲したインテルメッツォがそれである。

しかしオペラが音楽史に注目すべき入場を果たしたのは、冒頭のクラウディオ・モンテヴェルディと彼の作曲になる『オルフェオ』によってである。モンテヴェルディはその後も、『アリアーナ』（一六〇八年）、『ウリッセの帰還』（一六四〇年）、『ポッペアの戴冠』（一六四二年）を書いている。『アリアーナ』で現在でも残っているのは、崇高なまでに美しい「ラメント*」だけである。

十八世紀を通じて、オペラはヨーロッパ全土で発展していった。イタリア語と、イタリア人歌手によって、オペラはイタリアのおはこ芸術となったのである。オペラは、その精神と形の上でイタリアものである。しかし作曲家は必ずしもイタリア人ではなかった。カイザー、ハイドン、グルック、ハッセ、グラウプナーなどは、イタリア音楽を書きながらもドイツ語を話していた。（「イタリア」の項参照）

オペラの型はだいたいいつも同じである。まずオーケストラ*によって序曲*が演奏され、レチタティーヴォとアリアが交互に現われ、時にはデュエットやアンサンブルが出てくる。オペラを多く作曲したのは、ヴィヴァルディ（彼自身によると九四曲）、ヘンデル（四二曲）、モーツァルト（二二曲）である。

「オペラ・セリア（正歌劇）」、「オペラ・ブッファ（喜歌劇）」、「ドラマ・ジョコーゾ」、オペラ・バレエ等々、オペラの種類はさまざまで、作品によってはこれらのカテゴリーの枠に収まらないものもある。

フランスにはジャン・バティスト・リュリがオペラを導入したが、オペラという言葉は使用されず、「トラジェディ・アン・ミュジーク」または「トラジェディ・リリック」（ともに音楽悲劇）という名前で呼ばれた。作品はフランス語で、神話や寓話が題材として最もよく取り上げられた。合唱パートは一人の登場人物のように扱われている。レチタティーヴォ（フランス語ではレシタティフ）はイタリアの（台詞に近い）「レチタティーヴォ・セッコ」よりも歌いの度合いが強くなっている。音楽は流れるようなものが多い。

リュリによってつけられたフランス・オペラの火は、ジャン＝フィリップ・ラモー、マラン・マレ（一六五六〜一七二八年）、アンリ・デマレ（一六六一〜一七四一年）によって受け継がれた。

十八世紀もおわりになると、オペラにおけるイタリアの優越性が揺るがされ、各国で特有の型（フランスのオペラ・コミック、スペインのサルスエラ*、ドイツのジングシュピール*など）が生まれる。その特徴は、イタリア語を捨ててその国の言葉で歌い、台詞と歌が交互に表われることである。音楽における国民主義が徐々に出現しつつあったのだ。

十九世紀には、エクトル・ベルリオーズ、ジョルジュ・ビゼー、シャルル・グノーなどがフランスの特性を生かしたオペラをつくり出した。

リヒャルト・ワグナーとともに、それまで三部構成の旋律（アリア・ダ・カーポ）が主流だったアリア*は徐々に消え去り、至極複雑なオーケストラが紡ぐ音楽にのって歌われる、一種のアリオーソのような、より幅の広い形になっていった。

二十世紀になってもオペラの勢いは衰えてはいない。最高峰の作曲家が、四世紀の歴史を誇るオペラに新しき建設をもたらしたのだ。リヒャルト・シュトラウスの『ばらの騎士』（一九〇九〜一〇年）、ベンジャミン・ブリテンの『真夏の夜の夢』（一九六〇年）、イーゴリ・ストラヴィンスキーの『放蕩息子の遍歴』（一九五一年）、ディミトリ・ショスタコーヴィッチの『ムツェンスク郡のマクベス夫人』（一九三四年）などがある。現代オペラも多産だ。パスカル・デュサパン（一九五五年生まれ）の『ファウストゥス、最後の夜』（二〇〇六年初演）、フィリップ・ボスマンス（一九三六年生まれ）の『ジュリー』（二〇〇五年）、オスカー・ストラスノイ（一九七〇年生まれ）の『ある帰還』（二〇一〇年）などである。

室内オペラは規模、演奏時間、奏者の数がより小さいオペラである。

オペラというと、作品としてのオペラが上演される場所でもある。最初の公共のオペラ劇場は、ヴェネツィアのサン・カッシアーノ劇場で、一六三七年に開場した。それから一世紀して、王立サン・カルロ劇場がナポリに扉を開いた。ハンブルグには一六七八年から一七三八年に、市立オペラ座があった。字義通りの正式名称は「ガチョウ市場のオペラ」で、市議会議員やメセナのおかげで開場した劇場で、イタリアの劇場をモデルとしている。

一七八七年十月二十八日、モーツァルトはプラハの国立劇場で『ドン・ジョヴァンニ』を初演している。一方、ヴェネツィアのフェニーチェ歌劇場が開場するのは一七九二年である。

一八七八年に扉を開いたミラノのスカラ座では、ジュゼッペ・ヴェルディのオペラが七作、ジャコモ・プッチーニの作品が三作初演されている。

ワグナーが望んだ祝祭劇場は、いくつもの変遷を経てバイロイトに一八七六年にオープンした。ワグナーは、自作オペラのために特別に設計された劇場でそのオペラを上演したいと考えた。「もし一万ターラーあったら、こうします。森が多いここチューリヒの近くのきれいな原野に、梁と板舞台でできた仮の劇場を建てます。そこには、必要最低限の大道具と機械装置だけを入れます。そして歌手と有志オーケストラ団員を招いて六週間チューリヒに滞在してもらいます。全部がうまく整ったら、一週間に三回、ジークフリートを上演します。三回目の上演のあとには劇場は解体します。[1]」この夢は一部が実現した。この案に魅せられたバイエルン王ルードヴィッヒ二世が、財政的な援助を申し出たのだ。「あらゆる装飾を取り除くこと」というワグナーの要求を受けて、建築家が設計図をひいた。客席には、階段桟敷のように長椅子が並び、観客は皆、舞台正面を向いて座るという設計である。横側の席は取り払われた。客席からはオーケストラが見えないようになっており、上演中は客席は真っ暗になるのである。バイロイトの劇場は草原のまっただ中に、一八七二年五月二十二日に定礎がなされたが、この日はワグナーの五十九歳の誕生日だった。「バイロイト祝祭劇場」は一八七六年八月、『ニーベルンゲンの指輪』の初演でその幕が落とされた。

（1）参考文献【11】。

同じ頃、パリでは新オペラ座としてガルニエ宮が竣工・開場（一八七五年）。ウィーンには初代の国立歌劇場ができた（一八六九年）。それは歌劇場という場所である以上に、ひとつの神話となった。「ウィーンのオペラ座は、文明と洗練された振る舞いを重視する社会において、最終的な完成の場だった。モーツァルトはここを目的達成の最終到達地点とし、ベートーヴェンは純粋な音楽の殿堂と考え、シュトラウスやコルンゴルドはここを最高峰とした。[1]」

（1）参考文献【12】。

世界で最も有名な建築物のひとつとなっているシドニーのオペラ座は、一九五九年から一九七三年にかけて建設された。また、パリのバスティーユのオペラ座は、一九八九年に開場している。

まず音楽作品であり、多くが桁外れに大規模な建築物でもある「オペラ」は、スペクタクルでもある。人びとがそれを見にやってくるのはもちろんのこと、とくに十八世紀には、自分がそこにいることそのものがスペクタクルだった。ブルゴーニュ公国の議会参事官シャルル・ド・ブロスは、イタリア滞在の際、まるで社会学者のような証言を残している。「奥方たちはご自分の桟敷席で、コンヴェルサツィオーネと呼ばれるおしゃべりをしていらっしゃる。そしてその桟敷席には、劇場に来ている知り合いの方々が挨拶に訪れるのである（略）。誰か知りあいがいないかと片眼鏡を客席に向け、気が向けばお互いに出向き合う。この類いの人びとが示す出し物や音楽への趣味は、舞台に向けられるよりも自分がそこにいることで、ずっとその重要性が増しているようだ。[1]」

（1）参考文献【13】。

オペレッタ

カミーユ・サン゠サーンスがユーモアを込めて言うように、オペレッタは「おてんばなオペラコミック*の娘だが、おてんばな娘は概して魅力的」なのである。[1] 魅力的ではあるが少々軽いオペレッタは、現在でもまだ非難され、さらには軽蔑されているジャンルにとどまっている。台詞のおしゃべりがすぎ、台本には心理的な深みが欠け、音楽は平たすぎると非難されるのである。このような批判は、オペレッタの黄金期にすでにみられた。一九三五年に出版された『音楽史』の中で、ジュール・コンバリウーは「オペレッタは雑草で、そこにはいくつかきれいな花が咲いているかもしれないが、別に残念に思う事も無く踏んで通り過ぎることができるのだ」と書いている。

（1）アンシークロペディア・ユニヴェルサリス百科事典「オペレッタ」の項。

一八五〇年頃に始まるオペレッタの歴史は、一九五〇年代まで一世紀にわたっている。このジャンルはフランス、とくにパリで特有の地位を有している。ブノワ・デュトゥルトルいわく「オペレッタはパリの歴史的な豊かさの一つとして、グラン・ブールヴァール〔多くの劇場があった十九世紀の中心的繁華街〕や印象派絵画、近代芸術や映画の誕生と同時期に栄えた。[1]」

（1）参考文献【14】。

オペレッタで最も代表的な人物として、ジャック・オッフェンバック、エルヴェ（一八二五〜九二年）、シャルル・ルコック（一八三二〜一九一八年）、ロベール・プランケット（一八四八〜一九〇三年）、アンドレ・メサジェ（一八五三〜一九二九年）などが挙げられる。

遠くは十三世紀の中世劇から、近くはジャン＝バティスト・リュリが好んだマスカラード〔仮装〕や十八世紀イタリアの「オペラ・ブッファ」から派生し生まれたオペレッタは、オペラ・ブッフ、パロディ、ポシャード〔即興的作品〕、フォリー、音楽奇譚などの名前〔副題〕で呼ばれることもある。しかし間違ってはならないのは、このような「不真面目」な名称にもかかわらず、その音楽は、冷ややかに迎えられているよりもずっと評価されるべきものだということだ。ジョルジュ・クルトリーヌ（一八五八〜一九二九年）は、「それは下級なジャンルなどではない。不成功におわっただけだ。人びとを楽しませる道化は、感動のない悲劇に勝るのだ。[1]」

（1）参考文献【15】。

オラトリオ

作曲家で理論家のセバスティアン・ド・ブロサール[1]（一六五五〜一七三〇年）は、オラトリオのことを少ない言葉で端的に「精神性の高いオペラのようなもの」と定義した。確かにオラトリオは妙にオペラ*に似ているが、そのテーマと上演の形に大きな違いがある。まず主題であるが、必ずキリスト教に関連したもので、聖書から取られていることが多い。そして上演には演出がまったく伴わない。オラトリオの目的は聴く人を感化して信仰心を高めることであるが、典礼には用いられない。

（1）参考文献【16】。

世俗音楽の分野のオペラと同様、オラトリオは声*〔ソリスト〕、合唱*、オーケストラ*によって演奏され、その規模はさまざまである。テキストはもともとはラテン語で、幾人かの登場人物がおり、音楽は彼らが対話するような形で書かれている。

イタリアのオラトリオの最も著名な作曲家といえば、ジャコモ・カリッシミ（一六〇五〜七四年）であろう。ラテン語のテキストによる『イェフタ』『ヨナ』『ソロモンの裁き』などがある。フランスではマルカントワーヌ・シャルパンティエがいるが、『メルキュール』紙によれば彼は「音楽をカリッシミのもとで学んだ」という。

オラトリオはその名を、十六世紀にローマで設立されたオラトリオ修道会にとっている。修道士たちはサン・ジロラーモ・デ・ラ・カリタ教会の礼拝堂に集っていた。

一七〇九年にローマを旅したフランスの聖職者ジャン＝バティスト・ラバは、信者が、というよりむしろ聴衆と言ってもよいであろうが、彼らがオラトリオに熱狂しているのを目の当たりにした。「オラトリオには喜劇よりもずっと人が集まっている。あらゆる場所で、いつでもやっている。なぜなら、そこに悪いものはなにもないし、徳を害するようなものも何もないからだ（略）。教会の中でやっていないのはごくふつうで、その場合、幕間に冷たい水や他の飲み物を配っている。[1]」

（1）参考文献【17】。

十八世紀前半、ゲオルグ・フリードリヒ・ヘンデルはオラトリオを二三曲も書いて、この分野の使者となった。「他の作曲家の作品には、より多くのメロディ、繊細さ、明暗があるが、和声*と発明の才にかけては、彼は他の追随を許さない。ヘンデルはつねに他の作曲家よりも優れている。」（チャールズ・バーニー）

〔ヘンデルによって〕イギリス音楽の一部となったオラトリオは、教会から出て、劇場で演奏されるようになった。ヘンデルの『メサイヤ』は中でもとくに有名だが、この曲は一七四二年にまずダブリンのミュージック・ホールで初演され、その後ロンドンのコヴェント・ガーデン王立劇場で演奏されている。

ヨハン・ゼバスティアン・バッハは、『クリスマス・オラトリオ』『復活祭オラトリオ』の名で、よりカンタータに近い傑作を書いている。これは、ルター派の人びとのあいだでこの言葉と形式が流行していたことを物語っている。

十九世紀のはじめになると、ヨーゼフ・ハイドンがきっかけとなって、オラトリオは世俗化する（『四季』一八〇一年）。そしてフェリックス・メンデルスゾーンが、オーケストラ、合唱とも巨大な規模を持つ作品に変えた（『パウルス』一八三六年）。二十世紀にもいくつかオラトリオが作曲されている。アルテュール・オネゲルの『ダヴィデ王』（一九二一年）、『火刑台上のジャンヌ・ダルク』（一九三八年）などである。

まったく世俗的なことがらにインスピレーションを得た作品として、二〇〇八年にダラスで初演されたスティーヴン・スタッキーの『一九六四年八月四日』は、アメリカ大統領リンドン・ジョンソンの生誕一〇〇年を記念する作品である。十八世紀おわりのオラトリオと同じく、四人のソリスト歌手、合唱、大オーケストラ用に書かれている。

オルガン／パイプオルガン

「なんと変わった楽器なのだろう、自分の境遇に満足することがまったく無いなんて！　パイプオルガンはいつも、フルートやオーボエなどの別の楽器でいたがるのだ。人声にもなりたがると思えば、うぬぼれの絶頂というべきか、天声になろうとさえしている。時には、一人でオーケストラのいろいろな音色を出したがる。しかしなぜこれほどまでに度が過ぎているのだ？」このような質問形式による、適切かつ詩的なルイ・ティリー[1]の考察に対して、答えの代わりに、現代フランスのオルガン奏者ジャン・ギューの次の言葉を出してくることができよう。オルガンは「多重的な楽器なのである。」したがって、ここに数行でオルガンの全貌を示すのは難しい。それにオルガンの歴史は数世紀にも及んでいる。〔古代ローマの〕キケロはすでに、深く悲しんでいる友人を慰めるのにオルガンを弾くと良いと助言している。当時のオルガンとは、紀元前三世紀にアレクサンドリアでつくられたというヒュドラウリス〔水圧を利用したオルガン〕を指している。

（1）参考文献【18】。

オルガンがキリスト教会に導入されたのは九世紀頃のことで、これ以降、オルガンの地位は徐々に変化してきた。最初は単なる伴奏楽器だったものが、独奏楽器になるのである。はじめは一段だった鍵盤は、それぞれが異なる音色を出す二段鍵盤になり、さらに三段、四段、そしてペダル鍵盤まで現われる。十九世紀には、パイプオルガンはオーケストラに対抗する交響的な楽器になった。

作家のギュスターヴ・フローベールは『紋切型辞典』（一九一三年刊、遺稿）でパイプオルガンに特別な効力を挙げている。いわく「魂を神のもとにまで高める」のである。つねに「神の栄光のためだけ」に音楽を作曲していたヨハン・ゼバスティアン・バッハでさえ、パイプオルガンのために世俗音楽を書いているのだが、だからといってこの楽器が宗教音楽と結びつけられていることには異論の余地がない。

しかして何も変わらない。ヘンデルのオペラの休憩時間に彼の協奏曲が演奏されたとしても、「オルガンが宗教音楽と結びついているということは」決して変わらないのだ。つまり、典礼以外のあらゆる場でも、カトリックやプロテスタントの教会はオルガンにつきまとって離れないのである。それが「永遠なる栄光」の代償というものなのだろう。

「オルガンミサ」、「多声音楽」の項参照。

オルガンミサ

十七世紀から十八世紀前半のフランスでは、オルガン曲*はおもに典礼で役目を果たしていた。オルガンは、一六六二年にパリで規定された「パリ教会礼式」に絶対に従わなければならなかった。それによると、グレゴリオ聖歌の旋律を使用し、オルガン演奏は歌手と交代でなされなければならないとある。それだけではない。マルタン・ソネ司祭の手になるテキストには、演奏の性質とその長さが明示されている。聖体奉挙と奉献唱では、オルガンは他よりも長時間演奏されるが、ミサのそれ以外の部分ではかなり短い曲で、時には数十秒というものもある。形式的には、自由な発想は最小限に限られており、オルガン芸術、さらにはオルガニストの天才的才能は、この拘束の中でどのような〔見事な〕演奏ができるかで発揮されたのである。また、音楽的な伝統に加えて教会が定めた規定を守らなければならなかった。「それでもまだ充分ではないとでもいうかのように、オルガンへのフランス的趣味は、さらに影響力を増していった。オルガンのフランス楽派はきらびやかかつ明暗豊かで、色彩に富んでいる。フランス人は響きにあふれたレジストレーション〔ストップ配合〕を好み、細かいことにもこだわりがある。フーガをジュー・ダンシュ、レシ・アン・タイユ、プラン・シャン・アン・タイユ、トランペット、プラン・ジューでしか聞きたくないと思っているのだ。フランス趣味が力を振るうさまは、厳かな儀典が専横をふるっているのと同じくらいである。[1]」クープラン、グリニー、レゾン、ルベーグ、ニヴェール、ボワヴァン、ジュリアン、ダジャンクール、等々。フランスのオルガン楽派の天才たちも、それほどではない奏者も、西洋音楽史でも他に例を見ないほどの規定の中で、表現を余儀なくされるという共通点を持っていたのだ。

（1）参考文献【5】。

オルガンミサは、十七世紀のおわりにフランソワ・クープラン（『教区のためのミサ曲』、『修道院のためのミサ曲』一六九〇年）とニコラ・ド・グリニー（一六七二〜一七〇三年）（『通年の主要祝日のためのヒュムヌスとミサを含むオルガン曲集』一六九九年）で最高峰にまで高められた。

「グレゴリオ聖歌」の項参照。

音楽愛好家、アマチュア

音楽を愛し、聞き、みずから演奏する愛好家（アマチュア）がいなければ、クラシック音楽*はどんなものになっているだろう？　この言葉は、フランス語ではとくに、音楽を生活の糧としているプロの音楽家と対比して使われる。愛好家は、音楽に対する情熱よりは、プロでないことによって識別されるのである。同じく愛好家を意味するディレッタントという言葉はもともと、自分のために音楽を楽しみ、音楽に情熱を傾けるアマチュアを指していたが、これも最初の意味を失っている。現在では、ディレッタントというと、表面的でおおよその、言ってしまえば平凡なアマチュア音楽家を指すようになっている。

十八世紀おわりに、ヨーロッパ各地を何度も旅してまわったイギリスの音楽学者チャールズ・バーニー（一七二六〜一八一四年）は、各地で、とくに愛好家が演奏する多くの音楽を聴いている。ミラノでは「ディレッタントたち」によるコンサートを鑑賞し、「パドローネと呼ばれるその家の主は、第一ヴァイオリンを担当し、非常にしっかりとした演奏をしていた。彼の小さなオーケストラ*は一二人または一四人ほどからなり、その中にはよいヴァイオリニストが何人かいる。（中略）わが国のバッハ（ヨハン・ゼバスティアン・バッハの息子の一人、ヨハン・クリスティアン・バッハのこと）の交響曲をかなり上手く演奏した。団員は、時にはよく、時には間違って演奏したが、全体的に選曲はよく、演奏も情熱的で素晴らしく、歌は、このような場でわれわれが誇れるようなものよりもずっと、完成に近い演奏だった。」[1] ウォルフガング・アマデウス・モーツァルトも、ウィーンから父に宛てた手紙で、愛好家について触れている。「ここには大勢のディレッタントがいることをご存知だと思います。その中には大変によい音楽家もおり、女性も男性と同じくらいいます。」[2] 同じ時代、パリではフランソワ＝ジョゼフ・ゴセック（一七三四〜一八二九年）が「コンセール・デ・ザマトゥール〔愛好家演奏協会〕」を組織していた。

（1）参考文献【19】。
（2）参考文献【20】。

十八世紀からは、市民階級の出現と出版社の発展に伴って、愛好家による音楽演奏の機会が増大した。音楽の広い普及と、（高貴な意味での）アマチュア演奏の背景として、ドイツの作曲家ゲオルグ・フィリップ・テレマン（一六八一〜一七六七年）が一七二八年に月二回発刊の四頁だての音楽誌『デル・ゲトラウエ・ムジークマイスター（忠実な音楽教師）』を創刊したことを強調すべきであろう。自宅で、家族または友人と音楽を演奏できるような楽曲〔楽譜〕を提供しようというのが発刊の意図である。ジル・カンタグレルが著書『テレマン』[1]で指摘しているように、「読譜が簡単でつねに多様な楽曲とともに、音楽を演奏することを望む増え続ける愛好家たちを対象に」刊行するという理念である。テレマンは、認められることよりも、音楽を演奏する喜びを主張する音楽家たちを考慮にいれる作曲家の一人だったのである。

（1）参考文献【21】。

音楽愛好はなにも演奏に限ったことではない。作曲家の中にも、はじめはアマチュアとして作曲をはじめ、のちにプロに転向した人物もいる。エマニュエル・シャブリエ（一八四一〜九四年）もその一人である。二十歳で公文書複本局の謄抄本係として内務省の公務員となり、息子には法関係の職業についで欲しいという両親の希望を叶えつつ、当の本人は、何の面白みもないと考えていたこの職業と、音楽への情熱を両立する人生を送った。こうして二十年間、他の作曲家たちには愛好家と考えられていた彼は、一八八〇年十一月八日、内務省に辞表を送り、すでに何度か休職の原因となっていた病気を理由に、退職を申し出た。要求は受理され、返事は四日後に彼の元に届いた。こうしてシャブリエは、「フルタイム」で「プロ」の作曲家として再スタートを切ったのである。

作曲を生活の糧としない作曲家もいた。それは時には本人の選択によるものだった。たとえばアレクサンドル・ボロディン（一八三三〜八七年）がそうである。十九世紀ロシア音楽の柱ともいえる彼であるが、みずからを「日曜作曲家」と定義していた。彼はほとんど独学で音楽を学び、ピアノ、フルート、チェロを奏した。十三歳のときすでに自作を披露している。しかし彼にはもうひとつ、情熱を捧げる分野があったのだ。化学である。この分野で二十五歳で博士号を取得し、これを職業に選んだ。サンクト・ペテルブルグの軍医学アカデミーの教授だった彼は、音楽では愛好家に留まったが、すでに生前にフランツ・リスト＊（一八一一〜八六年）をはじめとする大作曲家から認められていた。

トマソ・アルビノーニ（一六七一〜一七五〇年）も同じような立場にあったが、その分野は違っていた。彼の一家はヴェネツィアに遊戯用カード〔トランプ〕の製作工場と数件の店舗を所有しており、金銭的には不自由なかったので、音楽に全霊を傾けることができたのである。作曲家として、ヴァイオリニストとして、アルビノーニは「ヴェネツィアのディレッタント・ヴァイオリニスト」と名乗っていた。生前から彼の音楽は多くの愛好家に好まれ、作曲家と演奏家のあいだに深い親近性を生み出していた。

音楽一族

クープラン、フィリドール、フーケ、ルベル、オトテール……。これらの名前はすべて、十七〜

十八世紀のフランス音楽を想起させる。これらの一族は何代にもわたって音楽家や作曲家を排出した。音楽院*が存在しなかった当時、音楽は家庭で学ぶものだったので、このような音楽一族が存在したことは驚くには値しない。演奏する喜びに加えて、社会的・職業的な地位がかかっていたのである。職業は代々伝えられ、それを全うできる能力が必要だった。

フランスの音楽一族で最も名高いのは、なんといってもクープラン一族であろう。一族で最初の音楽家として知られているのは「富農、検察官、楽器演奏家」だったマテュラン（一五六九〜一六四〇年）である。その息子シャルルは多くの楽器を所有しており、三人の息子、ルイ（一六二六〜六一年）、フランソワ（一六三〇〜一七〇一年）、シャルル（一六三八〜七九年）がこれらの楽器を演奏していた。クープランの名前を音楽史に導入したのは、「みずからの芸術分野において大きな名声を得た[1]」長男のルイである。しかし最も著名なクープランといえば、ルイの甥のフランソワである。彼は「大クープラン」と呼ばれ、フランス風のクラヴサン*演奏の大家だった。

（1）参考文献【22】。

オトテールは、六世代にわたって楽器製造職人、演奏家、作曲家を排出したことで後世に名を残した。通称「ル・ロマン〔ローマ人〕」と呼ばれたジャック（一六七四〜一七六三年）は、フルート奏者として名を馳せた。

ルベル一族は宮廷とオペラ座*で注目された。男性が独占していたこの世界で、ルベル家から女性音楽家のアンヌ・ルネ（一六六三〜一七二二年）が出たことは特筆すべきであろう。彼女は十歳の時、すでにリュリの第一作目のオペラで歌っていたのである。

フィリドール家は百三十年間で宮廷に一四人の音楽家を送り出し、〔啓蒙思想家で作家の〕ドゥニ・ディドロは、そのうちの一人、フランソワ＝アンドレへ友情を示し賞賛を惜しまなかった。一七八二年付けの手紙には、「信じていただきたいのですが、すばらしい音楽を長いあいだ聴かせてくださるよう懇願します」とある。

音楽一族というとき、八〇人もの音楽家を出したバッハ一族を挙げないことはありえない。十七・十八世紀のテューリンゲン地方では、バッハという名は音楽と同義語だったほどだ。最も有名なのはもちろんヨハン・ゼバスティアンで、彼は一七三五年に非常に有益な家系図を作成している。この資料は『音楽家一族バッハ家の起源』と題され、最初に記載されている名前はヴィテュスという。彼はハンガリー出身のパン屋で、プロテスタントのルター派を信仰しており、十六世紀に故郷を脱出することを余儀なくされたとある。しかしヨハン・ゼバスティアン・バッハにとって最も重要と映ったのは、この祖先が、麦を挽きにいくときにいつも小さなシターン〔リュートとギターの中間の撥弦楽器〕を持っていき、これを弾いて楽しんだということであった。

家系図の第一三番目は「非常に深みのある音楽家」、ヨハン・クリストフである。二四番目にはヨハン・ゼバスティアン自身の名前が見える。そして直接の子孫として、四五番から五〇番が振り当てられている。そこには、ヴィルヘルム・フリーデマン、カール・フィリップ・エマヌエル、ヨハン・クリスティアンという、彼自身に次いで最も有名なバッハ三兄弟が名を連ねている。

バッハは、マリア・バルバラとアンナ・マグダレーアの二人の妻のあいだに、二〇人の子供がいた。長女カタリナ・ドロテアと末子レギナ・スザンナの年齢差はなんと三四歳である。

音楽院

「この子は天才だ！　絶対に音楽院には行かせない。軍隊的な練習なんてもってのほかだ！」音楽院を批判したこの言葉は、一九〇六年にグスタフ・マーラー（一八六〇～一九一一年）が九歳のある男児の演奏を聞いて賞賛した言葉である。男の子の名はエーリッヒ・ヴォルフガング・コルンゴールド（一八九七～一九五七年）。のちにハリウッドの音楽の顔として活躍することになる人物である。

もちろん、音楽院、ここでいうウィーン音楽院を、マーラーの観点だけに限定してしまうのは真実に反する。音楽院は兵舎でも旅団駐屯地でもないが、アマチュア音楽家や単なる音楽好きたちのあいだでは長いあいだ、コントラストの強い二重のイメージがつきまとっていた。それは、最高の教育機関ではあるが、その唯一の役割はプロの音楽家を育てること、というイメージである。

フランスで音楽教育を組織化しようという意図が生まれたのは、フランス革命以前のことである（一七八四年に創設された王立歌唱・朗唱学校）。しかしこの動きが本格化したのは、革命下の国民公会（一七九二～九五年）によってである。一七九二年に市立の音楽学校が設立されたのに続いてすぐに音楽院が創設されたが、その目的は、国民軍の音楽隊の楽器奏者養成だった。「音楽院の組織機構と、とくにその構造的な編成は、それまで相容れないものとされてきたふたつの利点の統合を約束するものとなった。すなわち、芸術が持つ最も純粋で美しいものをそのまま保存すること、そしてこれに欠けているものを加えて豊かにすることを容易にすることである。これによって、習慣的なやり方や常軌を逸した新案が横暴をきかすことがもうなくなるのを、正当に期待できるというものだ。」(『パリ新聞』革命歴第五年霧月六日（一七九六年十月二十七日）付け)。

パリ国立高等音楽院はさまざまな政体下で存在し続け、幾度もその名称を変えている。選抜試験による入学、無料教育制度、科ごとの入学年齢制限、課程修了時のディプロマ取得など、組織形態の基本は徐々に整っていった。ガブリエル・フォーレが院長をつとめていた期間（一九〇五〜二〇年）には、レパートリーを十六世紀と十七世紀にまでさかのぼって広げた。オーケストラ指揮科*、ティンパニ科、身体表現科（歌手対象）、対位法科も開設された。のちにはサクソフォン科（一九四二年）、打楽器科（一九四七年）、クラヴサン科*（一九五〇年）も開設されている。

一九八〇年にはリヨンにも国立高等音楽院が創設され、フランスでの音楽・ダンスの国立高等教育機関は二校となった。パリ音楽院ではそれ以降、九つの部門が新たに開講されている。古楽（一九八四年）、音響学（一九八九年）、振り付け（一九八九年）、ジャズ、即興演奏（一九九一年）、教育学（一九九二年）などである。

一九九〇年にパリ音楽院はそれまでのマドリッド通りの校舎を離れ、ラ・ヴィレットに新設された校舎に移転した。

地方では、二〇〇六年の教育改革に伴って、国立地方音楽院と国立音楽学校が地方振興音楽院として生まれ変わった。場所によっては、自治体音楽院や、いくつかの自治体共同の音楽院も存在する。

音楽習得

音楽の習得には長い時間を要し、たとえ天才と呼ばれる人でも、その基本と、基礎となる楽典を習ばなければならない。それは作曲の核となるふたつの知識で、具体的にはソルフェージュおよび、和声*と対位法である。これらの知識の習得は、かつてはほとんどの場合、家庭内で行なわれていた。最初の音楽レッスンを、ヨハン・ゼバスティアン・バッハは兄の一人ヨハン・クリストフから、モーツァルトは父レオポルトから、サン＝サーンス（一八三五～一九二一年）は大叔母から受けている。オッフェンバック（一八一九～八〇年）はヴァイオリンを父から学んだし、プーランク（一八九九～一九六三年）は母からピアノ*を学んだ。シューベルト（一七九七～一八二八年）はヴァイオリンを父から、ピアノを兄から学んでいる。

しかし家庭は音楽習得の唯一の場所ではない。音楽を教えるのが家族の一員でない場合、町や村の教会の神父がその役割を担っていた。美しい声*を持つ少年には、多くの場合、教会で歌えるように音楽を学ばせると同時に、基本的な一般教育を施したのである。

ヨーゼフ・ハイドン（一七三二～一八〇九年）は、五歳になったばかりの頃にはすでに音楽家のようにふるまっていた。隣町の〔教会の〕学校の先生を対象に音楽会を開いていた両親のあいだに陣取って、ヴァイオリンを弾く真似をしていたというのだ。誰もハイドンが本当に弾いていたとは信じなかったが、神父は彼のリズム感のよさに非常に感銘を受けたようだ。そこで彼を学校に入学させたのだが、これがハイドンの一生を決定することになった。少年ヨーゼフはここで読むこと、キリスト教義、歌唱法を学んだ。また、のちに本人が言っているように、「書くことと、いくつもの金管楽器や弦楽器、さらにティンパニをも演奏すること」も学んだのである。ハイドンは、子供時代にもらったのが「食べ物よりも鞴《ふいご》の方が多かった」ことを打ち明けているものの、この神父から多くのことを学んだことに対して、死ぬまで感謝していたという。

ジョアキーノ・ロッシーニ（一七九二～一八六八年）は、リヒャルト・ワグナー（一八一三～八三年）に、どのようにして作曲を学んだかを語っている。それによると、ロッシーニは、オーケストラ*パートなしで歌唱部分の楽譜だけを写譜することから始めたという。彼は次のように言っている。「一枚ものの五線譜の上に、自分で伴奏を想像し、その後、ハイドンやモーツァルトが書いた伴奏と比べた。そして、写譜したものに彼らの伴奏部分を加えていったのだ。この方法で、ボローニャの学校で教わったことよりも随分と多くのことを学んだものだ。」

モーツァルトは生涯、徒弟としてふるまった。それはフリーメーソンの精神にのっとっている。「私ほど努力して、作曲を勉強した人はいないだろうと思う。その作品の最初から最後までを、深く何度にもわたって私が学ばなかった有名な音楽の巨匠を、たやすく見つけることはできないだろう。(1)」

（1）参考文献【23】。

音楽批評（評論）

「批評」という言葉には、言葉そのものと、言葉の持つ意味に加えて、この言葉の一般的な使われかたがある。音楽の批評はたいていネガティブで論戦的であり、ときには中傷といえるものもあるが、それは批評が持っている歴史的・教育的な役割を忘れているというものだ。音楽批評（評論）の有名な例は、ロベルト・シューマンが、二十歳のヨハネス・ブラームスについて書いた文章であろう。「（かつては）美神や英雄たちがゆりかごのまわりで見守っていた、若い血たぎるこの男がやってきた（略）。私は最近、評価の高い有名なある師から彼を紹介された。彼には、『こいつは選ばれた人物だ』とでも宣言できるような、外的なあらゆるしるしがみられた。[1]」ロベルト・シューマンは作曲家だったので、その言葉はブラームスを擁護するのに重みがあった。

（1）参考文献【24】。

音楽批評が本格的に現われたのは、新聞が発達し、公共のコンサートが誕生した十八世紀である。批評は音楽史と密接に関わっている。十九世紀、二十世紀には明白な間違いを含むものもあったが、未来を予告するような洞察にすぐれたものもある。

間違いの例として、パリの『ル・シエクル』紙の記者オスカル・コメタンがジョルジュ・ビゼーの『カルメン』（一八七五年）の初演の数週間後に書いた次の文章を引いておこう。「このオペラは、舞台映えもしないし、ドラマ性もない。」（『TFSトリビューン』紙、一九三八年十月二十五日付けに引用）

時間が経って後世がすでに判断を下したことについて、当時の批評を読むのは面白い。たとえば、バッハと同時代に生きたヨハン・アドルフ・シャイベは、バッハについて次のように断言している。「この大人物は、もっと楽しい音楽を書いて、仰々しく混沌とした様子で音楽の自然さを失わせず、大仰な芸術で音楽の美しさを陰気なものにしないのであれば、我が国全体の賞賛を浴びていただろうに。[1]」

（1） 参考文献【25】。

批評に対して、作曲家が内容に反応したり対抗したりすることもある。エリック・サティがその例だが、彼はそのために名誉毀損で有罪判決を受けた。彼が残した次のテキストには深い傷跡が見て取れる。「批評家は何でも知っていて、何でも見、何でも言い、何でも聞き、何にでも手を出し、あらゆるものを掻き回してあらゆるものをかじり、あらゆるものを一緒くたにして、そしてそれ以上にいろいろと考えるのだ。なんという人物だろう！」「批評家礼賛[1]」と題されたこのテキストのさらに少し後には、〔皮肉たっぷりに〕こう書かれている。「本当の批評精神とは、自分を批評するのではなく、他人を批評することにある。自分の目に太い柱が突き刺さっていても、決して、隣の人の目に刺さっている麦わらを見る邪魔にはならないのだ。この場合、その柱は長い、とても長い望遠鏡になって、その麦わらを滑稽なほど大きく拡大するのだ。」

（1） 参考文献【26】。

作曲家がこきおろされた同僚を助け出ることもある。モーリス・ラヴェル（一八七五〜一九三七年）は、イーゴリ・ストラヴィンスキーを次のように擁護した。「フランスの作曲家たちが多くの偏見から音楽を自由にしたのと時を同じくして、論理や明晰な熱情によって批評が尊く有用な芸術にまで高められることのできるこの国で、音楽のにわか物書きとなった無能なアマチュアの群衆が、多くの場合すでに影がさし始めているような聖化された栄光をなんとしてでももっと高めようとして、「新しい音楽の」あらゆる試みとめっぽうに戦おうとしているのを見るのは、なんとも痛々しい。[1]」

（1）参考文献【27】。

作曲家と批評家というふたつの仕事を、怠ることなく全うするには、エクトル・ベルリオーズやクロード・ドビュッシーという名前を持っていることが必要なのだろう。そしてドビュッシーは、批評とは「自分の意見を言うことへの、奇妙で無益な欲望[1]」であると語っている。

（1）参考文献【28】。

家具の音楽

現代社会では、店舗、レストラン、ホテルのロビー、駐車場等々、あらゆる場で音楽が聞こえる。静けさを恐れるかのように、空間を音楽という家具で埋めることは、今日に始まったことではない。最初にこれを考え付いたのはエリック・サティ(一八六六～一九二五年)であるが、彼はこのような音楽の用法よりは、『ジムノペディ』でより知られている。

サティは、一九二〇年三月一日付けのジャン・コクトー宛ての手紙で、「家具の音楽」の存在理由について説明している。いわく、「『家具の音楽』は本質的に産業音楽である。われわれは、有用な必要性を満たすような音楽を打ち立てたいと考える。」ここで彼が「有用な」というのは、「光や、熱や、あらゆる形での快適さ」と同等の有用さという意味である。サティがこのようなアイデアを抱いたのは、あるレストランで食事をしているときに、そこで騒々しい音楽を演奏しているのを聴いたときだった。まわりの騒音を考慮し、その一部となるような音楽を創造することが、自明の考えとして彼の中に生まれたのである。彼はこのような音楽を、「歌うような」音楽と想定した。それは、「ナイフやフォークの音をやわらげつつもこれらを打ち消して音楽を強要するようなものでなく、時にテーブルにいる人びとのあいだにつくられる重々しい沈黙を埋めるようなものである。ありきたりの陳腐さをなくすような音楽」ということだ。そのようなわけで、こんにちでは、エレベーターの中でさえ音楽を聴くことができるようになったのである。

カサシオン（カッサツィオーネ）

カサシオン、セレナーデ、ディヴェルティメント、パルティータ、ナハトムジーク（夜曲）、ノットゥルノ（ノクターン、夜想曲）*などは、野外で演奏される器楽曲を指す語である。これらの楽曲は十八世紀にドイツとオーストリアで一時的に流行した。

語源的には、カサシオンは会合を閉会にするときなどの「別離」という意味のイタリア語「カッサツィオーネ」から来ているといわれるが、確証はない。ハイドンやモーツァルトはこの語をあまり使わなかった。

カサシオンは、いくつかの短い楽章から構成される。

カストラート

カストラートにはソプラノとアルトがおり、女性の高音域または低音域にあたる声域*を歌っていた。しかし女性ではなく、去勢という外科手術によって子供のころの高い声を保った男性歌手である。

十八世紀半ばにローマに立ち寄ったフランスの司法官の証言によれば、ぞっとするようなこの手術は、「声を澄んだものにする秘密を発見した悪魔のような鍋釜業者によって」行なわれていたということである。ジャン＝ジャック・ルソーも、この野蛮な行ないに強く反対して、「このような醜悪な慣習に対して叫ばれている慎みと人道の言葉を、もっと高く叫ぼうではないか。このような蛮行を奨励している大公たちは、自分たちが人類の存続をさまざまな方法で脅かしていると、恥を知るべきである。」

芸術的には、カストラートは十七、十八世紀を通じて、現在のロックスターのような存在であり、王侯貴族たちから褒めそやされ、その音楽的な気まぐれを受け入れざるを得なかった作曲家たちよりもずっと有名だった。

一九〇二年、教皇レオ十三世の令により、カトリック教会はついにカストラートになるための去勢手術を禁止した。アレッサンドロ・モレスキ（一八五八～一九二二年）は、二十世紀はじめにいくつかのアリアを録音し、歴史上唯一、その特殊な声を後世に残したカストラート歌手となった。

楽器製作者

フランス語では弦楽器製作者をリュティエ（luthier）、その他の楽器製作者をファクトゥール（facteur）という。彼らは、楽器の製作、維持、修理の専門職人である。リュティエは弦楽器の中でも、擦弦楽器（ヴァイオリン、ヴィオラ、チェロ、コントラバスなど）およびマンドリン、リュート*のみを扱う。ファクトゥールは他の楽器（ピアノ、トランペット、オルガン、フルート、チェンバロ*など）を扱う。

最も有名なリュティエは、ストラディヴァリウスの名で知られるアントニオ・ストラディヴァリであることに異論はないであろう。一六四四年頃に生まれ一七三七年に没した彼は、楽器製作に携わっていた七十年間に、ヴァイオリンの他にも、ヴィオラ、チェロ、ギター、マンドリン、ハープ、リュート、そして珍しいところではヴィオラ・ダモーレやマンドーラなどもつくっている。彼は、出来が悪いとしていくつもの楽器を破棄したが、こんにち残っているストラディヴァリウスは約五〇〇挺とされている。彼は楽器製作を、クレモナの著名な職人、ニコロ・アマーティのもとで学んだ。アマーティの楽器はとくに有名で、生前から複製の対象になっていた。ストラディヴァリウスはアマーティのもとに徒弟としてまず読み書きの習得のために入門したが、同時に、材木を選び、各部品をつくって張りあわせ、穴をあけ、はめ込むという、弦楽器のあらゆる製作技術を徐々に体得していった。弦楽器一体を作るのには約七〇の部品が必要だが、それには釘は一本も使われておらず、頭部の渦巻きを除いてすべてが音に関連している。最後に塗られるニスはいくつもの樹油からなっており、楽器の振動をより速くすると同時に、楽器を保護する役割がある。こんにちでもストラディヴァリウスの楽器のすばらしさが語られ続け、その謎を解明すべく研究がなされている。

合唱

合唱とは、大小一定数の歌手からなる声楽アンサンブルのことである。フランス語では一般的にアマチュアには「コラル chorale」を、プロには「クール chœur」という語を使うことが多いが、その逆も多々ある。第一、ある合唱団のレベルは、プロやアマチュアであることに関係があるとは限らない。合唱団員は、その総数でソリスト歌手に対抗する。合唱団は混声であることがほとんどだが、女声のみまたは男声のみのための重要なレパートリーも多く存在する。

合唱コンクールや合唱祭は世界中でさかんに開催されている。フランスでは、南仏ヴォークリューズ県のヴェゾン・ラ・ロメーヌという街で、一九五三年から三年ごとに開かれている「コラリー」という国際規模の催しがよく知られている。これは、音楽家でヒューマニストだったセザール・ジョフレー（一九〇一〜七二年）と、彼が創設した「ア・クール・ジョア」合唱協会のイニシアティブによって生まれた催しである。

コラリーの精神は、「ア・クール・ジョア」の名誉会長、マルセル・コルヌルーの次の言葉によく表われている。「私たちは大地を讃えるのをそこで聞く。民衆*的な、つまりより多くの人びとのための、つねにより深い言葉によって育まれた合唱芸術がそこで花開くのである。」

ともに歌うということは、団体の中で個人として表現することであり、自分のために練習しつつも他の人びとに耳を傾けることでもある。それゆえ合唱は、民主主義の一形態として、心をかきたてる芸術表現として存在し続けるのである。

カデンツァ

フランス語でこの語が持つ音楽的な意味（十七、十八世紀の「装飾」、「和声進行」、「拍子」等々）の中で最もよく使われるのが、歌手または楽器奏者が演奏する技巧にあふれたパッセージという意味である。そのとき、オーケストラ*は音を出さないので、ソリストの演奏のすばらしさが強調されることになる。

十八世紀にはひとつのアリア*のなかにいくつもカデンツァが含まれていることがあった。それは多くの場合、技巧と歌唱芸術を存分に聞かせるために、歌手が要求してのことだった。ヘンデル、モーツァルト、ベートーヴェン（一七七〇～一八二七年）などは作曲家であると同時に自作自演もしたが、コンサート時に即興で演奏するカデンツァで喝采を受けた。

シュタッドラー神父（一七四八～一八三三年）は、モーツァルトの天才的才能が逆に人びとに疑いを引き起こすことを証言している。いわく、「彼は、書いた楽譜を目の前においてあるのではないかと思うほど、まったく秩序だって即興演奏をする。それで幾人かの人びとは、彼が幻想曲などを公の場で演奏する場合、事前にきちんと構想を練り曲を仕上げているのではないかと思っている。」

もちろん、カデンツァは過多遠大になることもあり、そういう事例を避難する証言もある。一七五七年五月に評論誌『メルキュール・ド・フランス』に掲載されたM・アルガロッティの「オペラに関する随想」なる文には、次のようなくだりがある。「最後のカデンツァで歌手が気まぐれに歌うことに、まったくひきつられてはいけない。こういうカデンツァはアリアとまったく関係がないものだ（略）。基本的に、カデンツァとは、アリアそのものの結論以外のなにものであってもならない。」

演奏家の聞かせどころとしてのカデンツァは、一様にトリルで終わり、それに続いてオーケストラが再び入ってくるようになっている。

はじめはコンサートでつねに即興で演奏されていたカデンツァであるが、十九世紀には作曲家が書いたものが固定的に演奏されるようになった。

仮面劇（マスク）

仮面劇（マスク）とは、十七世紀はじめに生まれた、典型的なイギリスの幕間劇で、その壮麗さとそれが持つ意味において、フランス宮廷のバレエ・ド・クール*に似通ったところがある。仮面劇は王や重要な人物にオマージュを捧げるための出し物である。

はじめはアントレ（入場）、主要バレエ、ソルティ（退場）の、三つのバレエを含んでいた。プロの俳優や歌手に加えて、仮装し仮面を被った宮廷の人びとが「仮面劇人」として舞台に立つこともあった。もしこれに、筋として寓意を加え、豪奢な舞台装飾と複雑な機械装置を持ってくれば、イタリアのオペラ*に匹敵するイギリスのジャンルとなっていたであろう。十七世紀はじめの証言によると、ニコラス・ラニエ（一五八八〜一六六六年）が音楽を担当した仮面劇『ザ・ヴィジョン・オヴ・デライト』（一六一七年）は、「イタリア人がするように、『レチタティーヴォ・スタイルで』歌われた」とある。

当時は、一つの作品を作曲するのに、数人の作曲家が協力することはまれではなかった。〔清教徒革命に続いて〕共和制が起こると、王政のシンボルだった仮面劇はすたれていく。しかし十七世紀おわりの王政復古とともに、発展した形でまた現われる。そのよい例としてジョン・ブロウの『ヴィーナスとアドニス』（一六八一年作曲）やヘンリー・パーセルの『ディドとエネアス』などがある。

カンタータ

オペラ*やオラトリオ*と同様、カンタータは十七世紀はじめにイタリア*で起こった新しい音楽形式である。カンタータという名前自体が、歌、つまり「カンターレ」と密接につながっており、それは純粋な器楽音楽であるソナタ*と対をなしている。

カンタータは、一つまたはいくつかの声部*からなる楽曲で、幾人かのソリストまたはオーケストラ*の伴奏がついており、劇場や邸宅のサロン、または教会で演奏されるために作曲された。カンタータには宗教カンタータと世俗カンタータがある。もちろん、その宗教的または非宗教的な性格によって、インスピレーション源は異なっている。前者の場合、歌詞は聖書から題材がとられ、音楽による説教となっている。後者の場合、恋する羊飼いや、神話からのエピソードなどがテーマとなる。

カンタータはアリアとレチタティーヴォからなっており、つねに合唱*がついているというわけではない。カンタータは、当時イタリア風音楽が席巻していた状況とあいまって、十七、十八世紀ヨーロッパ全体に広まった。フランスでは、一六八〇年代に『地獄に降りたオルフェウス』（一六八六～八七年作曲）を書いたマルカントワーヌ・シャルパンティエ（一六四三～一七〇四年）が、フランス最初のカンタータ作曲家とされている。フランスのバロック音楽*の権威、カトリーヌ・セサック氏は、この曲を「カンタータが存在する前のカンタータ」と形容している。

ドイツではヨハン・ゼバスティアン・バッハが膨大な数のカンタータ（こんにち知られているだけで

二四〇曲近く）を作曲しているが、彼自身が音楽史に占める位置を考えると、〔世俗カンタータがあるにもかかわらず〕このジャンルが当然のように宗教曲と結びつけられていることが説明できる。ついでながら、バッハはカンタータという語よりも、協奏曲*（コンツェルト）、モテット*、対話、主要音楽、教会音楽などの言葉を好んで用いている。

十九世紀、エクトル・ベルリオーズはローマ大賞（「アカデミー」の項参照）を受賞するまでに四度もこの試験を受けているが、それゆえ、四曲の異なるカンタータを作曲している。二回目に受けた試験では、学士院会員のフランソワ・アドリアン・ボワルデューから説教をうけるはめになった。これについてはベルリオーズ自身が回想録に次のように綴っている。

「まったく、どういうことだ？　大賞を手にしていたも同然というのに、それを地面に叩き付けたなんて！　と彼は言った。

——私はできる限りの努力をしました、とベルリオーズ。

——われわれはまさにそれを批難しているのだよ。君がする努力は、善の敵なのだ。心和む音楽を好む私が、あのようなものを評価できるとでも言うのかね？

——しかし、エジプトの王妃が良心の呵責にさいなまれつつ毒蛇にかまれ、精神的にも身体的にも苦痛のうちに死ぬというときに、貴殿の心を和ませるような音楽をつくるのは、大変に難しいことです。」

二十世紀には、アルテュール・オネゲル（一八九二〜一九五五年）が『クリスマスカンタータ』を、ベンジャミン・ブリテン（一九〇三〜七六年）が『聖ニコラウス』を作曲して、このジャンルが健在であることを示した。

強弱法（ニュアンス）

画家がパレットの色を選んで自分の絵筆で描くのとは違って、作曲家は自作に生命を与えるために、演奏家という仲介者を通すことを余儀なくされる。そのために、自分の意向、とくに音の効果を伝える強弱記号を用いるが、その主要なものはふたつある。**forte**（強く）を表わす*f*と、**piano**（弱く）を表わす*p*である。その度合いは、「*ppp*」ピアニシモから「*fff*」フォルティシモまで幅広い。

強弱は*crescendo* クレシェンドでだんだんと強くし、だんだん弱めるには*diminuendo* ディミニュエンド、または*decrescendo* デクレシェンドと表記する。たったひとつの音符にクレシェンドとデクレシェンドまたはその逆が指示されていることもある。このような表記は、十八世紀のイタリアの作曲家、ジェミニアーニにすでに見ることができる。

合奏の場合、各楽器によって強弱が異なることもある。たとえば、アントニオ・ヴィヴァルディの協奏曲*『四季』（一七二五年頃作曲）の「冬」の第二楽章では、ソロのヴァイオリンには中庸な音を、ヴィオラにはピアニシモを、低音パートは「つねにピアノ」で弾くことを、チェロには「つねに大変に強く」弾くことを指示している。つまり、各楽器は強さがまったく異なった音を同時に演奏するのである。

この強弱記号にどのような意味を持たせるかを理解することが必要となる。たとえば、パウル・バドゥラ＝スコダによると、「ショパンのフォルティシモはメゾフォルテに相当する。ショパンがピアノと書いているときは、ピアニシモまたはピアノ三つに相当する。彼のピアニシモは、ほとんど聞こえない音（殿方どの、もっと上品に！）」である。つまり、これらすべては、ニュアンスの問題なのだ。

協奏曲

協奏曲を語源的に解釈すれば、戦い、対決ということになる。しかしこれはなによりもまず、音楽家の集団であるオーケストラ*と、ソリストという孤独な人種とのあいだの友好的な対話であり、洗練された会話である。譜面上ではその対話にはかなりなギャップが見られるが、実際は調和のうちに行なわれる。協奏曲は何も無いところから生まれたわけではない。協奏曲の前には、コンチェルト・グロッソという形が存在した。これは、コンチェルティーノと呼ばれる器楽奏者の小グループと、リピエーノと呼ばれる規模がより大きなオーケストラを対峙させたものである。複数のソリストからなるこのような形の協奏曲は、十八世紀、とくにコレッリ（一六五三〜一七一三年）、テレマン、ヘンデルによって最盛期を迎えた。

同じ時期、一人だけのソリストによる協奏曲もすでに存在しており、ヴィヴァルディ、トレッリ（一六五八〜一七〇九年）、ルクレール（一六九七〜一七六四年）さらにバッハなどが作曲している。楽器製作の進歩、とくにピアノ*製造技術の進歩、音楽会の形の変遷、さらにスター制度が生まれつつあったという背景のなかで、コンチェルト・グロッソはすこしずつ消滅してゆき、ソリストによる協奏曲がこれにとってかわる。モーツァルトはこの変化を敏感に感じ取り、ヴァイオリン協奏曲を五曲、ピアノ協奏曲を二五曲作曲した。これら二つの楽器は、歴史的にも、オーケストラの通常のパートナーとして多用されている。しかしこれだけが協奏曲用の楽器ではなく、ほとんどすべての楽器がソロ楽器に使われている。たとえばフランシス・プーランクはオルガン*とともにティンパニをソリスト楽器として作曲している（『オルガン、弦楽オーケストラ、ティンパニのための協奏曲』一九三八年作曲）。

十九世紀には、協奏曲は、交響曲*とともに主要ジャンルとなり、ベートーヴェン、シューマン（一八一〇～五六年）、ブラームスなどが大曲を書いている。

協奏曲には技巧を披露する場でもあるカデンツァ*がつきものである。これはもともと即興演奏*だった部分で、オーケストラは休止状態となり、ソリストの力量を存分に発揮し、聴衆を喜ばせるものとなっている。

共鳴弦

音楽においては、共鳴（シンパシー）という言葉は、自由さおよび和声*に関連して使われる。弦楽器*の場合、人間や機械機構が介入せずにひとりで鳴る弦のことを共鳴弦と呼ぶ。ある弦をつまんだりこすったりたたいたりすると、他の弦もそれに共鳴して振動する。そこで発生する音は、面白いと同時に不思議な反響となって、演奏中の音楽にさらに奥行きを与える。

ゴットフリート・ジルバーマン（一六八三～一七五三年）は、クラヴサン・ダムールという小さな楽器を発明したが、この楽器の弦は共鳴で鳴るようにできている。

十八世紀には、ヨーゼフ・ハイドンが、いくつかの弦が共鳴によって鳴るヴィオラ・ダ・ガンバに近いバリトンという弦楽器のためにディヴェルティメントを作曲している。

金管楽器

安っぽいジョークで、「金管楽器がオーケストラ*で輝いている」と言うが、それは実は本当のことではない。金管楽器の共通項は、楽器製作に使われている素材ではなく、実際には音を出すために使うテクニック、つまりマウスピースにつけた唇を振動させることなのである。その基準で金管楽器に属するのは、トランペット、コルネット、トロンボーン、ラッパ、チューバ、ヘリコン〔コントラバス・チューバの一種〕などの他にも、トウヒ材でできたアルペンホルン、セルパン（十七〜十八世紀に教会で歌手の伴奏に使われた、皮を張り巡らした蛇形の楽器）、動物の角《つの》製または象牙製のツィンク（十六〜十七世紀に非常に流行した楽器）などがある。

金管楽器はしばしば軍楽と結びつけられるが、もちろんこれは短絡的である。しかしシャルル・ボードレールは「小さな老婆」に次のように記している。

ときどき兵士たちが庭いっぱいにひびかせる金管楽器に満ち、
生まれ変わったように感じる金の夜に

街の人びとの心に英雄的な気持ちをもたらす
これらのコンサートをひとつ聞くため……（『悪の華』一八五七年）

フランス語で「ファンファール〔ファンファーレ〕」というのは、多くの場合打楽器*も入って演奏される金管楽器のアンサンブルのことである。また、このようなアンサンブルが演奏する楽曲のことも指す。

モンテヴェルディの『オルフェオ』（一六〇七年）のはじめに演奏されるトッカータ*は、五つの金管楽器を用いた、軍楽にインスピレーションを得たファンファーレである。この美しいアンサンブルは、音楽史上最初のファンファーレとなった。

近代音楽

近代音楽とは、近代性に関連する思想、時代の風潮、精神状態などとは何の関係もなく、一九一八年から一九四五年までの音楽的な時代区分を指す。イーゴリ・ストラヴィンスキー、ベラ・バルトーク（一八八一〜一九四五年）、ジャン・シベリウス（一八六五〜一九五七年）、モーリス・ラヴェル、さらにアルノルト・シェーンベルグが近代音楽を書いたが、それらの曲は随分前から広義でのクラシック音楽となっている。

組曲

組曲とは、舞曲をいくつもならべたもので、すべて同じ調性で書かれており、その順序は十七世紀をとおして規定されていった。

しかしながら、性格の異なる舞曲が二曲集まった時点で組曲ができると言ってよい。このような最低限の設定は、パヴァーヌとガイヤルドという組み合わせが多く、これは十六世紀おわりに英国のウィリアム・バードが得意とした。

十七世紀以降、組曲を構成する舞曲の数は四曲とされた。まずゆっくりで荘厳なアルマンド、次にフランス起源の速い舞曲であるクーラントがくるが、これはルイ十四世の宮廷で大変に流行した。そのあと荘重で気品のあるスペインのサラバンドが置かれ、最後はイギリスのジーグで、軽快なテンポ*で華々しく最後を飾る。

時代を追ってみると、これらの舞曲はまずリュートやチェンバロ*で演奏されていたが、十八世紀に管弦楽曲としても扱われるようになる。

右にあげた舞曲のほかに、メヌエット、ガヴォット、ブーレ、パスピエ、ポロネーズ、ホーンパイプなどが加わるようになった。

十七世紀から十八世紀には、あらゆる音楽に舞曲が入り込んでいた。バッハの曲には、宗教カンタータのアリアの中に、奇妙にもブーレやジーグに酷似したものがある。

オルガニストたちは聖務でも人びとの趣味に見合うような演奏を求められた。オルガニストのアンドレ・レゾン（一六四〇年頃～一七一九年）は、「貴方が演奏する楽曲の特徴を注視し、サラバンド、ジーグ、ガヴォット、ブーレ、カナリス、パッサカリア、シャコンヌなどと関係があるかどうかをよく考え、クラヴサン上で演奏するのと同じようなエールを演奏すること。ただし、場所の聖的な性格から、よりゆっくりとしたカデンツァ*（拍子）で演奏すること」[1]と推奨している。

（1）参考文献【29】。

クラシック（古典）音楽

西洋の芸術音楽は、民謡、ヴァラエティ音楽、ジャズなどの、あまり芸術的でないと考えられている音楽に対して、「クラシック音楽」と呼ばれる。広い意味での「クラシック」という言葉は、八世紀のグレゴリオ聖歌*から現代まで、一〇〇〇年以上にわたって育まれてきた音楽の歴史と、多様な様式・形式を見せる音楽作品全体を指す。これらの何千・何万もの作品の作曲家は、ほとんどがずっと前に亡くなっているが、現在も健在で活発に活動を繰り広げている音楽家もいる。エストニアのアルヴォ・ペルト（一九三五年生まれ）、アメリカのジョン・アダムズ（一九四七年生まれ）などである。二十世紀にはオリヴィエ・メシアン（一九〇八～九二年）、ベンジャミン・ブリテン、ルチアーノ・ベリオ（一九二五～二〇〇三年）、ジェルジュ・リゲティ（一九二三～二〇〇六年）、アンリ・デュティユー（一九一六～二〇一三年）などがクラシックの音楽家と考えられていた。後世の判断を待つことなく、天才的才能が頭角を表わしていた例である。

しかし、クラシック音楽がなによりも過去の音楽、おもに十八世紀から十九世紀の音楽を指すのは言うまでもない。それらは、昔から優れた音楽であることが証明された音楽である。

現在、おもにクラシック音楽に人びとが期待するのは、美しく、聴いて心地よい音楽であり、気晴らしのための音楽である。二十世紀にバロック音楽*の再興に貢献した重要な音楽家の一人で、オーストリアのオーケストラ指揮者*ニコラウス・アルノンクール（一九二九年生まれ）は、「クラシック音楽は美しく小さな装飾でしかなくなった」と語っている。また音楽の地位の変化について、「音楽はどんな場合でも何も乱さず、怖がらせるものであってはならない。（略）こんにちの芸術が既成のものを覆し、さらに言えばそれを覆さなければならないものであるが故に、そこから遠ざかろうとするパラドックスがここにある。（略）しかして、芸術、とくに音楽は、単なる装飾となったのだ。そして人は、歴史上に存在した古い芸術や、古楽に目を向けるのである。そこに、あれほどまでに望んだ美と調和が見てとれるからだ。[1]」

（1）参考文献【30】。

クラシック音楽は、現在ではクラシック専用のコンサートホールや教会で演奏される。時には音楽祭の場などで、野外で演奏されることもある（オランジュ古代劇場、エクサンプロヴァンス大司教座劇場、ヴェローナのアレーナ等）。コンサートが神聖化され、それにさまざまな慣例が伴うことで、クラシック音楽の高いハードルを乗り越えるのが困難だと考える人も多い。

ヴァイオリニストのイヴリー・ギトリスが名誉会長をつとめる「inspiration(s)〔アンスピラシオン〕」

という音楽協会は、「クラシック音楽を専用ホールから出して、病院、学校、刑務所、老人ホーム、街の中、田舎、大都市の郊外（略）など、あまりクラシック音楽を聴くことができない場所でこれを活性化させる」ことを目的としている。

音楽学的な厳密な意味では、「クラシック〔古典〕」というのは十八世紀半ば、通常一七五〇年のバッハの死の年に始まり、十九世紀はじめに終わる、バロックとロマン派のあいだにある時代区分だが、この区分には、国や作曲家によって微妙なニュアンスがある。モーツァルトとハイドンは、古典派時代の音楽を最も代表する作曲家である。古典派音楽の特徴は、交響曲*とソナタ*形式の発展、および通奏低音*の放棄である。

グラスハーモニカ

グラスハーモニカ、つまり「コップのハーモニカ」という楽器は万人に知られた楽器ではないが、クラシック音楽*を扱う本で説明されるに値する。新しい楽器をつくって新しい音色を見つけることはいつの時代にも行なわれているが、グラスハーモニカはその意味で示唆的な楽器であるというのが、ひとつの理由である。楽器製作は、作曲家たちにとってもインスピレーション源かつ作曲活動の原動力となっているのだ。もう一つの理由として、十八世紀末に活躍した二人の偉人、ベンジャミン・フランクリンとヴォルフガング・アマデウス・モーツァルトが、この奇妙な楽器に多大なる興味を示していたことが挙げられる。

グラスハーモニカの原則は至って単純である。コップに水を入れて、その縁をぬれた指でこすって音を出すというものだ。楽器としては、小さな家具の中にガラスまたはクリスタルのボウルが次のボウルを覆うように〔軸にそって横向きに〕置かれており、軸部分は、もともとはペダルで、現在はモーターでベルトを動かして回転できるようになっている。つねに濡らした指で音を鳴らす。

ゲーテは「世界の心臓の血」(1) を思わせるような、この楽器の透明な音に大きな衝撃を受けた。

（1）参考文献【31】。

ベンジャミン・フランクリンは、厳密に言うとこの楽器の発明者ではないが、楽器に多くの改良を加えた。モーツァルトは晩年、盲目のヴィルテュオーソ、*マリアンヌ・キルヒゲスナーのために、『アダージオとロンド』などを作曲している。

グラスハーモニカはよく使用される楽器ではないが、ガエタノ・ドニゼッティ（一七九七～一八四八年）の『ランメルモールのルチア』（一八三五年作曲）の狂気の場面（現在ではフルートで演奏）や、リヒャルト・シュトラウスの『影のない女』（一九一九年作曲）に使われている。

グレゴリオ聖歌

こんにちグレゴリオ聖歌と呼ばれる音楽は一〇〇〇年以上前から歌われているが、この名称は比較的最近のものである。教皇ピウス十世は、宗教歌に関する書簡（一九〇三年十一月二十二日付け）のなかで次のように規定している。「宗教音楽は（中略）聖なるものでなければならず、したがって音楽を世俗的にならしめるものはすべて排除されるべきである。それは音楽そのものにある要素だけでなく、音楽を演奏する方法も含まれる（略）。音楽は普遍的なものでなければならない（略）。グレゴリオ聖歌は、このような質を最高度に達した形で有している。以上のような理由から、これ〔グレゴリオ聖歌〕は、ローマ・カトリック教会に固有の宗教歌である。(1)」

（1）参考文献【32】。

一九〇三年以前には、カトリックの典礼にあるさまざまな起源（コプト、ビザンティン、ギリシャ等）の歌のことを「プレイン・チャント〔仏プラン・シャン、羅カントゥス・プラヌス〕」または「教会歌」と呼んでいた。

これらのほとんどは五世紀から七世紀にかけて形成されたが、八世紀頃、教皇グレゴリオ一世の時代に、これらを統合しようとする意向が生まれた。

グレゴリオ聖歌は、十七世紀からこんにちに至るまでの、あらゆる宗教音楽レパートリーの基盤となっている。そのメロディはそのまま使用されたり、ポリフォニー作品の中に組み込まれたり、さらには練り上げられたりしている。後者の場合、メロディを認識することが困難な場合もある。ヨハン・ゼバスティアン・バッハのヴァイオリン独奏用のソナタハ長調 BWV1005（一七二〇年）や、グスタフ・マーラーの交響曲第八番（一九〇六年）の第一楽章の主題には、「ヴェニ・クレアト・スピリトゥス」のメロディが使用されている。

傑作

フランスの『リットレ』辞典によると、「傑作」とは、「そのジャンルにおいて完璧で非常に美しい作品」とある。完璧さと美しさほど主観的な要素はないことから、クラシック音楽の傑作リスト*を、不完全ながらも作成するのは非常に困難なことである。傑作を定義する明確な基準はないと言えるからだ。しかし、ベートーヴェンの『第九交響曲』（一八二四年）やバッハの『マタイ受難曲』（一七二七年）、ドビュッシーの『ペレアスとメリザンド』（一九〇二年）が傑作であるのは、皆が認めるところだ。この三作品に共通するのは、音楽の記念碑的大作ということである。そこでは演奏時間はたしかに重要な要素ではあるが、本質的ではない。

ショパン（一八一〇〜四九年）の『前奏曲集』作品*二八（一八三九年作曲）は、傑作とされているが、最も長い曲は五分ほどにしか満たない。

バッハの曲の中でもとくに一般に知られる、フルートがさえずるような二分以内の『バディヌリー』（一七三九年）が傑作とされないのは、どう説明すればよいのだろうか。おそらくこの曲が独立した曲ではなく『管弦楽組曲第二番』の最終楽章であることが関係しているからであろう。一つの作品からそこだけを取り出すことはしないからだ。

ある音楽作品が傑作になるには、あらゆる面で認められる必要がある。演奏家、ソリスト、指揮者がその作品をコンサートのプログラムにかけるという音楽家からの評価と、聴衆が曲を特別と認め長きにわたって愛着を示すという一般からの認識である。

傑作であるためには、作品は完成されたものでなければならないのだろうか。音楽に関して言えば、答えは明白に否。モーツァルトの『レクイエム』はその見事な例である。全体の中で一曲、最初の「レクイエム・エテルナム」だけが全曲オーケストレーションされている。次の八曲はソリスト歌手の四パートとオーケストラのバスが書かれ、オーケストレーションのためのアイデアが示されている。「ラクリモーサ」では最初の八小節のみがモーツァルトの手になる。「サンクトゥス」「ベネディクトゥス」「アニュス・デイ」「コムニオン」はモーツァルトの死後補足されたものである。この作品がレクイエム〔死者のためのミサ曲〕であり、未完で、モーツァルト自身の死とかかわっていることが、曲にさらなる偉大さを与えている。その豊かな霊感と劇的な性格は、この曲がクラシック音楽の傑作となるのに充分である。

弦／弦楽器

弦楽器には、打弦楽器（ピアノ）*、撥弦楽器（マンドリン）、擦弦楽器（ヴァイオリン）があるが、弦楽器と聞いてすぐに連想するのは最後の擦弦楽器である。つまり一般的には、指で弦をつまむという方法も可能ではあるが、弓を使って弦をこすって音を出す楽器群のことを指す。

音の高い方から低い方に、ヴァイオリン、ヴィオラ、チェロ、コントラバスが、西洋音楽のオーケストラのレパートリーの中心をなす楽器である。無伴奏ヴァイオリンソナタ*、三重奏、弦楽四重奏（ヴァイオリン二挺、ヴィオラ、チェロ各一挺）、協奏曲*、交響曲*等々、小規模なものから大規模なものまで、ソリスト一人から数十人ものミュージシャンを要するものまで、弦楽器はそれだけでクラシック音楽*の同義語ともなっている。

「コル・レーニョ」、「共鳴弦」の項参照。

幻想曲

幻想曲(ファンタジー)は、英語で「ファンシー」と呼ばれることもある。チェンバロ*、オルガン*、リュート、ヴィオラ・ダ・ガンバ合奏のための曲で、十六世紀から十七世紀にその最盛期を迎えた。一部に厳格な書法、とくにフーガ的書法(「フーガ」の項参照)がよく見られるものの、大変に自由に書かれているのが特徴である。イタリアの音楽家たちが最初に幻想曲の道を開くと、すぐにヨーロッパ中で取り入れられた。

十七世紀の作曲家にとって、幻想曲、トッカータ*、前奏曲*は、どれも同じような形の曲を示すことがあった。

ロマン派*の時代以降にも、この語は、その意味がはっきりと定義されない形で用いられている。ベートーヴェンの『合唱幻想曲(ピアノ、オーケストラ、合唱のための幻想曲)』(一八〇八年作曲)、シューベルトの『ピアノのためのさすらい人幻想曲』(一八二二年作曲)、ヴォーン・ウィリアムス(一八七二〜一九五八年)の『ターリスの主題による幻想曲』(一九一〇年作曲)などである。

現代音楽

「現代」という言葉は、音楽では、普段使っている意味とは別の意味を持っている。つまり、現代音楽とは、第二次世界大戦後に作曲された芸術音楽すべてを指すのである。「現代」音楽の作曲家ですでに亡くなっている人も多い。イアニス・クセナキス（一九二二〜二〇〇一年）、カールハインツ・シュトックハウゼン（一九二八〜二〇〇七年）、ジェルジュ・リゲティ（一九二三〜二〇〇六年）、ジョン・ケージ（一九一二〜九二年）、ジョン・タヴナー（一九四四〜二〇一三年）などである。現在も健在で音楽探究を続ける作曲家としてピエール・ブーレーズ（一九二五年生まれ）、アルヴォ・ペルト（一九三五年生まれ）、フィリップ・グラス（一九三七年生まれ）などがいる。

現代音楽の語法も表現方法も一様ではない。アンリ・デュティユー（一九一六〜二〇一三年）などはクラシック音楽*の伝統に則ってロマン主義に発するシンフォニー・オーケストラ*のために曲を書いている。また、スティーヴ・ライヒ（一九三六年生まれ）のようにミニマルミュージックや電子音楽にとくに関心を示している作曲家もいる。

「ミュージック・コンクレート」の項参照。

交響曲（シンフォニー）

交響曲は、オーケストラ*のためのソナタ*だと定義することができる。ここでソナタというのは、この語の第一義として、オーケストラというひとつの楽器を鳴らすための楽曲という意味である。それは、あらゆる音色と、音のパレットが奏でる豊かさを味わわせるということでもある。

交響曲の起源は十八世紀後半であるが、この時代にシンフォニーというと、小さなアンサンブルのための比較的短い楽曲のことを指していた。十九世紀には交響曲は巨大化し、楽員も一〇〇人以上、演奏時間も一時間以上になるまで発展する。

音楽ジャンルとしての交響曲は明確に規定された構造をもっており、いくつかの楽章が区別可能な形で、または続けて演奏される。

古典形式の交響曲には四つの楽章がある。第一楽章はソナタ*形式で、第二楽章はゆっくりとしたテンポ*で書かれている。第三楽章は舞曲の精神にのっとっており（メヌエットがのちにスケルツォにとってかわる）、終楽章は速いテンポで最高潮に達する。

もうずいぶん前から、数々の録音やコンサートで交響曲を聞くのは普通で、ほとんど平凡なことだとまで言えるようになったため、十八世紀、さらに十九世紀に、オーケストラが大規模化していく時代に、交響曲が音楽愛好家の視覚および聴覚に訴えた効果がどんなものだったかは忘れられてしまった。ひとつの場所に何十人も、時には一〇〇人ちかい音楽家を集め、弦楽器*、フルート、オーボエ、バスーン、トランペット、ホルンなどが目の前に並ぶのは、唯一無二の体験だった。音楽好きの人びとの中には、一生に一度しか交響曲を聞くことができなかった人だっていたのだ。作曲家たちはそのことをよく周知していて、音楽の書法に気を使い、コンサートにやって来る聴衆のことをつねに頭においていた。ヴォルフガング・アマデウス・モーツァルトは次のように報告している。「コンセール・

スピリテュエル（パリのコンサート機関）のお披露目のために、交響曲を一曲書かなければなりませんでした。（中略）最初のアレグロの真ん中に、皆が喜ぶようなパッセージを入れました。聴衆は大喜びで（略）大きな拍手がありました。（略）作曲しているときにどんな効果が出るかがわかっていたので、最後にこれをもう一度持ってくるようにしました。[1]」現在では、交響曲を聞いて受けるショックなどはもう存在しない。コンサートで聞くのは作品そのものではなく、その作品をどのように演奏するかである。

（1）参考文献【20】。

交響曲の父と呼ばれているヨーゼフ・ハイドンは、一〇四曲の交響曲を作曲した。モーツァルトは四一曲、ベートーヴェンは九曲である。

二十世紀にはフランスの作曲家アンリ・デュティユーが交響曲を二曲（一九五一年、五九年）作曲しているが、これは、交響曲がまだ、それに見合うだけの巨匠作曲家によって作曲されているという証明でもある。

「序曲」の項参照。

広告

テレビやラジオの広告に使用されるクラシック音楽*は、その普及に多大な効果をあげている。しかし、広告主は、慎重さからか、またはイマジネーションの欠落からか、一般によく知られた曲からの抜粋を使う傾向が多い。たとえばフランスでは保険会社がモーリス・ラヴェルの『ボレロ』（一九二八年）を流し、自動車会社がジョルジュ・ビゼーの『カルメン』の「トレアドールの歌」を聞かせるという具合である。

それでも、まったく知られていない音楽が使われることもある。フランスでの最も顕著な例は、別の保険会社が使用したショスタコーヴィッチの『ジャズ組曲第二番』（一九三八年）からのワルツであろう。

広告で数秒間流れるこれらのクラシック音楽は、曲名も演奏者も記載されることはなく、これが人びとにとって新しい音楽世界への本当の入り口となるかどうかは、定かではない。

声／声部

「よく演奏するためには、よく歌うことが必要である。」これは、イタリアの作曲家でヴァイオリニスト、アルカンジェロ・コレッリの言葉だが、音楽表現においてどれだけ声が大切かをこれほどまでに語った言葉はないだろう。人間の声は、あらゆる音楽家が真似することをめざしたすばらしい模範楽器なのである。「カンタービレ」つまり「歌うように」という指示は、多くのピアノ*の楽譜に見られる。

歌う声は、その音色、力強さ、厚み、輝きなど、さまざまな要素によって特徴づけられる。しかしディーヴァ*、マリア・カラス（一九二三〜七七年）が言うように、「美しい声を持っているだけでは充分ではない」のである。「音楽と、その表現の必要に応じられるものになるように、声をつかまえていくつもの状況に適応させなければならない。作曲家は貴方のために音符を書いたのだろうが、そこに音楽を読み取るのは歌手なのだ[1]。」

（1）参考文献【33】。

伝統的に、声の種類は音域で分けられている。女声ではソプラノ、メゾ・ソプラノ、アルト、コントラルトである。男声には、テノール、バリトン、バスがある。それに加え、ファルセット〔裏声〕を使うカウンターテナーと、「頭声」を使うハイ・カウンターテナーがある。これらふたつの声域は女声のアルト〔またはソプラノ〕に相当する。

声を分けるとき、四つの声部だけを基準にするわけではない。それぞれの声部には、役柄に応じたさらなる分類が存在する。たとえばモーツァルトのオペラ*『魔笛』の登場人物「夜の女王」はソプラノ・レッジェーロ〔コロラトゥーラ〕である。同じモーツァルトの『ドン・ジョヴァンニ』のドンナ・アンナは、ドラマティック・ソプラノが歌う。

合唱では、単にソプラノ、アルト、テノール、バスの四声部に分けられていることが多い。楽譜によく使われているSATBという略号は、先の四声部を頭文字で示したものである。

パイプオルガンでは、人声は「アンシュ・ナジヤルド〔鼻声のリード〕」のジュー〔ストップ配合〕で表現する。

コラール

コラールは賛美歌ではあるが、単なる賛美歌にとどまらず、一五二〇年頃からマルティン・ルター（一四八六〜一五五六年）によって始められたプロテスタントの宗教改革の音楽を象徴している。コラールの役目は神を賛美することで、それは典礼の枠内におさまらない。ジル・カンタグレルが書いているように、「コラールの歌は共同体を形作るひとつの要素である。〔オルガニストで最初にバッハの伝記を著した〕フォルケルは、年に一度、バッハ一族が集まる会合のことを、カール・フィリップ・エマヌエル・バッハの言葉として引き合いに出している。それによると、その会合に集まるのはカントル、オルガニスト、市の職員としての音楽家などだけで、彼らは皆教会に奉職しており、何をするにもまず篤信の行為から始めることになっていた。それで、いったん集まると、はじめに賛美歌を合唱した。(1)」

（1）参考文献【34】。

コラールには二つの長所がある。ラテン語ではなくその国の言葉で歌われることと、旋律が覚えやすいことである。

マルティン・ルターは、みずからが推進する宗教改革に見合うレパートリーをつくるため、グレゴリオ聖歌*とカトリックの聖歌、世俗歌などを参考にしたが、そのとき「悪魔がこれだけの歌を独り占めする必要はないだろう(1)」と言ったと伝えられている。たとえば、恋愛歌『我が心は乙女を思いかき乱されん』は、聖金曜日に歌われる重要な受難コラールのひとつとなっている。アルベール・シュヴァイツァーいわく、「コラールの旋律は大衆歌からとられており、宗教改革という革命をきっかけに創られた新しい『貴族』といえる。そしてこれらの『貴族』は、その出自をまったく忘れてしまうに至った。[2]」

（1）（2）参考文献【35】。

もともとコラールは、信者が皆で旋律を斉唱していた。しかし、教会が聖歌隊を擁するようになると、すぐにいくつかの声部*用に和声付けされた。

単純な賛美歌は、やがて、すこぶる豊かな対位法を駆使した声楽曲の形をとるようになった。十九世紀には、フェリックス・メンデルスゾーンやヨハネス・ブラームス（一八三三〜九七年）の作品がそれを物語っているが、彼らはインスピレーション源を過去に求めている。

プロテスタントの典礼において、十七世紀はじめにパイプオルガン*が大きな役割を占めるようになると、コラールは器楽曲にもなった。ヨハン・ゼバスティアン・バッハによるコラールのパラフレーズ、とくに『ライプツィッヒ・コラール集』では、高い完成度をほこる幻想曲や前奏曲に変貌している。

オーケストラ*曲のコラールもある。フェリックス・メンデルスゾーンの交響曲*『宗教改革』では、終楽章にコラール『神は我らが砦』の旋律を使用している。アルチュール・オネゲルの『弦楽とトランペットのための交響曲』の終楽章では、トランペットがコラールに大変に似通った旋律を演奏するが、実際はコラールではない。

コル・レーニョ

弦楽器*（ヴァイオリン、ヴィオラ、チェロ、コントラバス）で「コル・レーニョ」といえば、通常使われる弓の毛ではなく、竿（スティック）を使って音を出すテクニックである。この場合、弓は太鼓のバチ〔「指揮棒*」の項参照〕にたとえられ、打楽器的な響きが、音楽に特異な効果を与える。

オーケストラ*の音の色彩師エクトル・ベルリオーズは、『幻想交響曲』（一八三〇年）の中の「魔女の夜宴の夢」でこのテクニックを使用している。

作品／作品番号

ラテン語の「オプス」（Opus）は、「作品」という意味である。この語の後に数字をつけて、音楽作品を作曲年または出版年の順に整理することに使われる。

このような用法が現われたのは十七世紀だが、とくに十八世紀以降、出版業が発達し著作権の概念が生まれると同時に一般化した。作品番号によって作品目録を作成することは、作曲家自身または出版社の意思による。同じ作品番号の下に、いくつもの作品が集められていることもある。

ルードヴィッヒ・ファン・ベートーヴェンは一三八の作品を、ヨハネス・ブラームスは一二二の作品を残した。

多くの作曲家は、作品番号によらずに、自作の一部または全体を整理している。たとえばヴォルフガング・アマデウス・モーツァルトは、一七八四年から死の年の一七九一年にかけて、小さなノートに作品目録を作成した。このノートは現在はブリティッシュ・ライブラリーの所蔵となっている。そこには彼の全作品が記載されているわけではないが、植物学者で鉱物学者のルードヴィッヒ・フォン・

ケッヒェルがモーツァルトの全作品を年代順に整理することを試みた際に、おおいに役立った。この作品目録は二十世紀に三度にわたって補遺されたが、作品番号はそのもととなった人物の名前をとって、「ケッヒェル番号」(または略号でK)と呼ばれている。

自作品を整理しなかった大作曲家として、ヨーゼフ・ハイドン、フランツ・シューベルト、ヨハン・ゼバスティアン・バッハなどがいる。彼らの場合、作品目録は作曲家の死後に、年代順(シューベルト)またはテーマ別(ハイドン、バッハ)に作成されている。

「op. posth」という表記は、遺作と言う意味で、作曲家の死後に出版または発見された作品の整理に用いられる。

これ以外に、作品が駄作であるまたは興味に欠けると判断した作曲家が、作品番号を与えないことがある。ドイツ語圏では、これらの作品は「作品番号なし」という意味で、WoOという略号で整理される。

サルスエラ

スペイン人が、「木いちご」という意味の「サルサス」から派生した「サルスエラ」という言葉を聞くと、魚料理、スペイン王宮、至極大衆的な音楽の三つを思い浮かべる。

音楽としては、サルスエラはフランスのオペレッタ*やドイツのジングシュピール*のスペイン版と言える。十七世紀はじめに現われ、その後長いあいだ忘れられていたが十九世紀半ばから再興し、最盛期を迎える。

「サルスエラ・グランデ」は三幕ものである。一幕だけのものは「ヘニーロ・チコ」つまり「小ジャンル」と呼ばれ、とくに十九世紀おわりに好まれた。マドリッドではいくつものヘニーロ・チコ専用劇場が生まれた。

その規模の大小はともかく、サルスエラの特徴はスペイン的で大衆的な要素である。代表的な作曲家としてルペルト・チャピ（一八五一～一九〇九年）、フランシスコ・アセンホ・バルビエーリ（一八二三～九四年）、トマス・ブレトン（一八五〇～一九二三年）、マヌエル・フェルナンデス・カバリェーロ（一八三五～一九〇六年）がいる。

指揮棒／マレット／〔弦楽器の弓の〕竿

フランス語の「baguette バゲット」という言葉は、クラシック*の音楽家にとっていくつかの意味を持つ。まず、パーカッション奏者がティンパニや太鼓などの楽器を打つときに使うマレット〔バチ〕のことを言う。また、ヴァイオリンやチェロの弓の、馬尾毛に平行する木製の竿のことも指す。

しかしバゲットといえば何よりも、オーケストラ*の指揮者が、団員とコミュニケーションをとるために持っている小さな棒のことを言う。それはテンポ*を指示するためだけではなく、音楽的な考えを伝えるためでもある。ヘルベルト・フォン・カラヤンは、次のような貴重な助言を残している。「指揮の技法とは、オーケストラの邪魔にならないように、指揮棒を放棄できるようになることだ。」

指揮者フルトヴェングラー（一八八六〜一九五四年）の著書『音と言葉』[1]の前書きで、ゲオルグ・シュナイダーは、「フルトヴェングラーの伝説的な棒さばきは、幾度も幾度も、団員にとって悪夢であるかのように伝えられ、これによって、彼の指揮は明快でないというレッテルを張られることになった。さまざまな情報源によると、始まるまでに一五数える必要があったとか、熱にうなされたように揺れる指揮棒が振り下ろされるのを待たなければならなかったとかいうことだが、一三回目の振動のあとで指揮棒が降りるということはいくらでもあったのだ。」

（1）参考文献【36】。

つまり、「伝説の指揮」とオーケストラとの練習の現実という、二つの面があったということだ。フルトヴェングラーは、『音楽ノート』で、指揮棒にはまったく触れずに指揮の極意を数行で語っている。

「オーケストラの前で——
話しながらオーケストラを見る。
静かに話すこと。
要求することは完全に要求すること。
できる限り短く、すべてを言い尽くすこと。
常に澄んだ直接的な視線で見ること。
あまり笑わないこと。

常に行動的であること。気分を害することは絶対にあってはならない。

人格的には何の対面も捨てないこと。[1]」

（1）参考文献【36】、「指揮者」の章。

指揮棒を使うようになったのは、オーケストラが大規模になり、全体をまとめるために指揮者が必要になった十九世紀からである。それまでは第一ヴァイオリンかチェンバロまたはピアノ奏者が、演奏しながらこの役目を担っていた。一八五六年に発刊された『指揮者　指揮法の理論』で、エクトル・ベルリオーズは次のように記している。「指揮者はふつう、五〇センチほどの長さの、軽い小さな棒を使う。色は、暗い色よりも白が望ましい（そのほうがよく見える）。この指揮棒を右手に持ち、各小節の最初、内部の分節、最後をはっきりとわかるように打つ。ヴァイオリニストの指揮者が弓で指揮をすることがあるが、これは指揮棒ほど適していない。弓は少々曲がりやすいからだ。固さに欠けるという欠点と、馬尾毛のために自由に振れないということで、〔指揮棒よりも〕指示があいまいになるのだ。」

指揮棒がふつうに使われるようになる以前、団員が多くなって指揮者が必要になった頃、つまり十七世紀と十八世紀には、大きな紙をまるめて振ったり、〔長い〕バトンで床を打ったりしていた。ジャン＝バティスト・リュリ（一六三二〜八七年）は、このバトンがもとで亡くなった。編年史家ルセール・ド・ラ・ヴィエヴィルによると、ルイ十四世の瘻《ろう》病が治ったことを祝うため、リュリはフイヤン教会で自作の『テ・デウム』を演奏することにした。「曲の練習中、彼は熱心にバトンで拍子をとっていた。その行為に熱がこもって、そのバトンで足先を打ってしまった。そこに〔微小な〕コナダニがわいて、それがだんだんとはびこってきた。」その日あまりにも強く拍子を打っていたために、結局リュリは、ダニがもとで壊疽にかかり、亡くなるのである。

指揮棒は音楽における権威を最も象徴する道具なのだろうか。オーストリアのピアニストで詩人でもあるアルフレッド・ブレンデルは、これについてユーモアあふれるテキストを書いている。

「ある指揮者が、
オーケストラが
彼の指揮で
一斉に奏でることを
拒否したので、
オーケストラ団員を解雇した。
そしてこの不服従のうらみをはらすため、
国家元首になった」[1]

（1）参考文献【37】。

四重奏

室内楽の象徴である四重奏は、十八世紀後半に現われた音楽形式を指すと同時に、ふつう、弦楽器*を演奏する四人の音楽家によるアンサンブルのことを言う。

しかし、この形態ができる以前にも、四人の楽器奏者または歌手が集まって演奏する喜びや必要性はすでに存在した。この時代にはとくに弦楽器を使うとは決まっておらず、たくさんある選択のうちの一つでしかなかった。音楽的かつ人間的に調和が保たれるのであれば、あらゆる組み合わせが可能だったのである。同じ楽器群（フルート、弦楽器、金管楽器*など）から選ぶ時は一様な音色が得られるし、逆に、さまざまな音色を混ぜることもあった。いずれにせよ、趣味の良さと繊細さが要求された。

四重奏曲は、ヨーゼフ・ハイドン（弦楽四重奏曲八三曲）とヴォルフガング・アマデウス・モーツァルト（弦楽四重奏曲二〇曲に加えて他の楽器編成のものがある）によって新しい広がりを見せ、最重要の音楽形式として形式的にも内容的にも高い質を要求された。形式的には、これ以降は自動的に弦楽器が選ばれるようになる。構成は、ヴァイオリン二挺、ヴィオラとチェロ各一挺である。それは言うなれば、大オーケストラでは不可能な技巧性や書法が可能な小さな弦楽オーケストラ*なのだ。内容的には、四重奏曲の発展はソナタ*の発展と関わっている。

四重奏曲は、ディヴェルティメントやセレナードなどの既存の形式のあいだを模索しながら、長い過程を経て生まれ、興隆した。十八世紀おわり、ハイドンやモーツァルトがこれを手がける前には、「音楽表現の中でも最も親密で最も深い形式になり得るために、必要なものはすべてそろっていたが、まだそれをどう使っていいのかがわからなかったのだ。それまでに比べてずっとたくさん集まってきた人びとに、まったく気にかけてもらえないことに立ち向かうのをためらっていたのだ。ディヴェルティメントにつながれている『へその緒』をまだ切れずにいたのだ。[1]」

（1）参考文献【38】。

音楽作品としては、弦楽四重奏曲は通常四楽章からなる。第一楽章はソナタ形式（二主題の提示部、展開部、再現部）を採用している。第二楽章はアダージョなどの緩徐楽章で、それに続く第三楽章はより奔放で、ダンスに源を発するスケルツォ楽章となる〔ことが多い〕。最終楽章は多くが速いテンポ*で快活な性格のロンドである。

ベートーヴェンは弦楽四重奏曲一六曲と『大フーガ』（一八二四～二五年）を作曲した。十九世紀ではフランツ・シューベルト、フェリックス・メンデルスゾーン、ロベルト・シューマン、ヨハネス・ブラームス、ガブリエル・フォーレ、セザール・フランクを挙げておく必要がある。二十世紀では、アルノルト・シェーンベルグ、ベラ・バルトーク、アルバン・ベルグ、オリヴィエ・メシアンが四重奏曲のおもな作曲家である。

弦楽四重奏曲に取り組むのは大変な挑戦である。あらゆる作曲家にとって、これに成功することは、技術的な技量とその芸術が認められたといえるからだ。エクトル・ベルリオーズは四重奏曲を一曲も残していないが、こう語っている。「四重奏曲を軽蔑するなかれ。あれは多分、一番扱いが難しい音楽ジャンルで、これに成功した巨匠はまったく少ないのだ。[1]」

（1）参考文献【39】。

シャンブル、シャペル、エキュリ

ルイ十四世の時代、宮廷音楽は三つのグループに分かれていた。〔宮殿内で〕王の楽しみのための音楽を担当するシャンブル、〔礼拝堂で〕宗教儀典のための音楽を担当するシャペル、そして〔屋外で〕各種式典の音楽を担当するエキュリである。

シャンブルは、演劇的な宮廷生活の中心的役割を担っており、バレエ、多くのディヴェルティスマン〔余興〕に加え、王が晩年にとくに好んだ日曜日のコンサートなど、私的なコンサートの際に演奏していた。そのレパートリーはフランソワ・クープラン（一六六八〜一七三三年）が王一人の楽しみのために演奏したクラヴサン*曲から、おおがかりな機械仕掛けのあるトラジェディ・リリック〔音楽悲劇〕の上演まで、さまざまだった。シャンブルを組織することは複雑きわまりなかった。二人の総監督が六か月交代で、著名な音楽家から構成されるグループと、グランド・バンド（「王の二四のヴァイオリン」）、そしてプティット・バンド（「小ヴァイオリン」）の三つのグループを率いていた。

シャペルは「サンフォニスト」とよばれる器楽奏者たちや、パージュ〔王侯貴族に使えた少年〕、シャントル〔聖歌隊員〕、オルガニストからなっていた。彼らはメートル・ド・シャペル〔楽長、カペルマイスター〕の監督下におかれていたが、メートル・ド・シャペルは名誉職である。実際には試験で採用された副楽長たちが、三か月（四半期）ごとに交代で任にあたっていた。十七世紀半ばに設置されたこのシステムは、約一世紀にわたって機能した。シャペルも王個人のための楽団で、ヴェルサイユだけでなくあらゆる王領の静養地での宗教儀典のために王に随行した。

ミシェル＝リシャール・ドラランド（一六五七〜一七二六年）は、シャペルの歴史にその名を残した音楽家である。一六八三年、一期目の四半期副楽長に任命された後、一六九三年に第二期目の四半期副楽長の職を得、さらに一七〇四年に第三期目を手にする。そして一七一四年には第四期目まで得るのである。ルイ十四世が彼の才能を気に入っていたことが、異例の独占状態をつくったといえよう。

エキュリは野外音楽を担当し、そのために作曲された音楽は、トランペット、サクブート（トロンボーンの古形）、コルネット、ポワトゥーのミュゼット（フランスの民族楽器でバグパイプの一種）、笛、ティンパニ、太鼓などの楽器を用いており、野外という状況に充分に適応したものだった。演奏は時に馬上で行なわれるものもあった。

エキュリは、野外上演、狩り、軍隊謁見、外国公使の歓迎、戴冠式、結婚式、葬儀など、あらゆる機会に演奏した。音楽家職は世襲で、多くの演奏家や作曲家（ジャック・オトテール、アンヌ・ダニカン・フィリドール、ニコラ・シェドヴィルなど）を排出した音楽一族*が生まれている。

十二音技法（ドデカフォニズム）

字義どおりに言うと、十二音技法とは西洋音楽の半音階を構成する一二の音によってつくった音列を使った音楽システムを指す。オーストリアの作曲家アルノルト・シェーンベルグ（一八七四〜一九五一年）が一九二〇年代に考案したものだが、彼は少々挑発の意味もこめて、しかし多大なる感謝をもって「一二音で作曲した最初の音楽家はバッハである[1]」と宣言している。

（1）参考文献【40】。

もちろんバッハはこの技法を決して作曲に用いることはなかったが、彼の作品はシェーンベルグに方法論を示した。たとえば「その音楽の伴奏に素材を提供できるような、音楽的な構想を創造する技法」や、「唯一の要素から作品全体を構築し、その要素をさまざまに変容させることによって輪郭を描き出す技法」などである。

十二音技法は、ヴィヴァルディ、モーツァルト、ベートーヴェン、ヴェルディ（一八一三〜一九〇一年）などによってそれまで行なわれてきた作曲の方法を見直すことになった。一二の音を義務的に使用するという大原則にたちつつ、二つの原則が実践された。ひとつは、一二音のそれぞれの音を一度だけ用いるという原則。もう一つは、どの音列も同じであってはならないという原則。このような枠組みには大変に制限があるため、シェーンベルグは音列を反転することも容認している。

これら一二音には他の音に対して優勢となる音がないため、調性が消滅することになる。このような新しい音楽表現法は、アルノルト・シェーンベルグにアルバン・ベルグ（一八八五〜一九三五年）とアントン・ウェーベルン（一八八三〜一九四五年）を加えて、第二ウィーン楽派と呼ばれている。

最初の十二音技法による作品は、シェーンベルグの『五つのピアノ曲』作品*二十三（一九五七年）

である。ベルグはこの複雑な作曲システムによる一部未完のオペラ*『ルル』を作曲した。これはベルグの死後二年経った一九三七年に初演された。

序曲

序曲とは、オペラ*または演劇が始まる前に演奏される管弦楽による楽曲のことである。十七世紀にジャン゠バティスト・リュリが定めたフランス式序曲は、徐、緩、徐の三楽章が続けて演奏される。これとは反対に、彼と同時期のイタリアの作曲家たちは、アレッサンドロ・スカルラッティ（一六六〇〜一七二五年）が残した、緩、徐、緩の形式で作曲した。オペラでは、序曲はオペラの内容とは独立したもの、または、オペラ内で展開されるテーマを聴かせるものとなっている。

イタリア式シンフォニアの伝統を受け継いだ序曲は、オペラや演劇の導入楽曲という役割から解放されて独自の道を歩み、これが最初の交響曲*（シンフォニー）に変貌するのである。

ヨハン・ゼバスティアン・バッハは、大規模な導入楽章に続く数曲の舞曲を「序曲」と名付けた。

試練／試験

作曲家の人生においては、天才であっても困難や不幸を免れられるわけではない。モーツァルトの人生がそれを物語っている。彼は、ウィーンで、独立した音楽家につきものの危険と隣り合わせに生活するまでは、ザルツブルグでのパトロン、コロレド大司教と何年間も軋轢状態にあった。

しかしこのような日常的な試練に、予定されているともいえる職業上の公式な試練を加えるべきであろう。いくら天才でも、他人の批判や応酬に向き合わねばならなかったのだ。最も顕著な例は、おそらくヨハン・ゼバスティアン・バッハの例であろう。

バッハは三十八歳の時、ライプツィヒのカントルという、威光高い職に就くことを願い出る。当時の彼はすでに充分なキャリアを積んだ音楽家だった。しかしライプツィヒの市議会は、当時バッハよりもずっと有名だった別の音楽家を選ぶ。その音楽家とは、ゲオルグ・フィリップ・テレマンであった。テレマンがこのポストを拒否したことで、カントル選出のためのコンペティションが行なわれることになり、バッハは他の四人の候補と職を争うことになった。その結果、ほとんど消去法でバッハの名前が最終的に残った。この時、プラーツ博士なる人物は、「最高の音楽家が得られない場合、平凡な人物で満足するしかない」(ライプツィヒ市議会議事録、一七二三年四月九日)と言い放っている。バッハは、新しいカントルとなって間もない一七二三年五月三十日、聖ニコラ教会で自作のカンタータを指揮することになった。作品は、街の新聞によると「よい拍手を得て」歓迎されたという。

マルカントワーヌ・シャルパンティエにはこのような試練の場がなく、彼はそのことを痛切に後悔していた。ヴェルサイユの王室シャペルの四人の音楽監督の一人となるための試験に望んだシャルパンティエは、一次試験を通過し、他の一五人の候補者と競うはずだったが、そこで止まってしまったのだ。急病になった彼は、それ以降の試験を受けることができず、生涯、ルイ十四世の宮廷で公職に就くことはなかった。王はしかし彼に好意を示し、年金を贈っている。金銭によるわずかな慰めと言えようか。

試験という試練は、時によって長距離走のような呈を示すこともある。エクトル・ベルリオーズはローマ大賞の試験を四度も受け、四度目にしてやっと大賞を得た（「アカデミー」、「カンタータ」の項参照）。しかし長年受賞を待ち望んでいたことで、受賞時の喜びが薄らいでしまったようだ。「われわれが試験で作曲したカンタータは、ふたつの審査会議で演奏された（略）。私は作品をのちに燃やしてしまったが、その作品のおかげで、両方の会議も、私が健全なやり方に変更したことを認めて、ついに、ついに（略）一等賞の大賞を授けたのだ。私は、これまでの試験で何も賞を受けなかったのでまったく落胆したものだが、学士院の会議場から出てきた彫刻家のプラディエが、結果を待つあいだ待機していた図書館に私を呼びにきて、握手しながら強い語気で『あなたが大賞ですよ！』と言ったのを聞いても、あまりうれしい気がわかなかった。プラディエがとても嬉しそうで私が反応しないのを見れば、誰でも私が学士院の会員で彼が受験者だと思っただろう[1]。」

（1）参考文献【41】。

カミーユ・サン＝サーンスはローマ大賞に二度挑戦して二度失敗している。最初の挑戦は十七歳のときで、その一二年後に二回目を受験し、こちらも失敗に終わった。そのときのベルリオーズの評はこうである。「彼は何でもできるが、経験がないという経験に欠けている。」

ジングシュピール

ジングシュピールの創設者はヨハン・アダム・ヒラー（一七二八〜一八〇四年）であるが、モーツァルトの『魔笛』と『後宮からの誘拐』が、このジャンルの最も代表的な作品とされている。ジングシュピールは十八世紀に生まれ、「コミッシュ・オペルン」とも呼ばれる。ドイツ語で歌われ、台詞と歌が交互に出てくることが特徴である。

ジングシュピールはドイツ特有のオペラ*として最初に表明されたものであり、モーツァルトが夢に描いていた様式である。扱われているテーマはほとんどの場合軽く陽気だが、国民主義音楽を予告している。

前奏曲

十七世紀には、指ならしとして、また楽器の調律を確認する意味も含めて、短い楽曲を即興演奏してから本格的に舞曲にうつるのが習わしだった。したがってこの時代の前奏曲はあまり重要な意味を持たない曲であった。フランスでは、ジャック・シャンピオン・ド・シャンボニエール（一六〇二〜七二年）、ルイ・クープラン（一六二六年頃〜一六六一年）、ジャン・アンリ・ダングルベール（一六二九〜九一年）などが、クラヴサン（チェンバロ）やリュートのために、前奏曲を一個の確立した音楽として仕上げている。当時彼らが作曲していた前奏曲は、楽譜に音符の長さも小節線も表示されていない無拍子の音楽であった。すべての音符は全音符とスラーのみで記され、演奏者が適当と思われるテンポ*やリズムを設定するのである。

十八世紀になると、前奏曲は新しい形をとりはじめる。前奏曲はもはや舞踏組曲の導入曲ではなくなり、フーガと一対をなすようになる。

十九世紀には、前奏曲は独立した楽曲となり、その性格ともあいまって、ふたたびかつてのような不定な形式を見せるに至る。そして、フレデリック・ショパンの作品に代表されるように、ごく小規模な曲となるのである。

クロード・ドビュッシーはピアノ*のために二四の前奏曲を書いたが、そのタイトルは『沈める寺』(一九〇九年)、『妖精はよい踊り子』(一九〇九年)、『亜麻色の髪の乙女』(一九一〇年)など、幻想的なものが多い。

即興演奏

この語は一見するとクラシック音楽*の本には居場所がないように思えるが、ヨハン・ゼバスティアン・バッハ、ゲオルグ・フリードリヒ・ヘンデル、ヴォルフガング・アマデウス・モーツァルト、ルードヴィッヒ・ファン・ベートーヴェンなどの偉大な作曲家たちは実際、皆、並外れた即興演奏家だった。数々の例からいくつか挙げてみよう。バッハはポツダムに趣いた際、フリードリヒ大王の要請を受けて、非常に複雑なフーガを即興で演奏している。ヘンデルは、自身のコンサートの休憩時間にパイプオルガン*で即興演奏をして、ロンドンの音楽愛好家を引きつけた。モーツァルトは、ウィーンっ子のために作曲したいくつものピアノ協奏曲*の最後を、即興によるカデンツァで締めくくっている。一八〇八年、ベートーヴェンはピアノ独奏で長大な楽章を即興に作曲したが、その後これを楽譜に書きとめ、『合唱幻想曲』（一八〇八年）に付け加えている。

フレデリック・ショパンも即興演奏でウージェーヌ・ドラクロワを驚嘆させている。その場にはジョルジュ・サンドも居合せており、次のように証言している。

「ショパンは私たちが聴いているとは知らずに、ピアノでとりとめもなく即興で何かを弾いていた。彼が弾くのをやめると、

――いやいや、まだ終わってないじゃないか！　とドラクロワが叫んだ。

――まだ何も始まっていないのだ。何も着想がわかない。形が決まらない反影や影やレリーフでしかない。僕は色を探しているのだ。なのに輪郭さえもみつからない。」

輪郭も見つけられないというショパンだが、このエピソードは、彼がどれだけ即興に長けていたかをよく示している。

これら天才的な作曲家たちがもっていた才能は、ある意味で、バロック音楽*の演奏家たちも持っているといえる。通奏低音*は即興で演奏され、ソリスト（歌手、器楽奏者）は装飾音をその場でつけるのが通例となっているからだ。もちろん、この種の即興はたいていの場合熟考され、時にはあらかじめ準備されているものなので、バッハやベートーヴェンの創造の息吹にはかなわない。

ソナタ

ソナタは、かつてはイタリア語でスオナーテやソナーダなどとも呼ばれ、ある楽器を鳴らして楽しむことに主眼がおかれた形式不定の楽曲を指した。もともとは、声楽曲を鍵盤楽器（オルガン、チェンバロ*）や、弦楽器*（リュート、テオルボ）に編曲したものが多かった。楽器で「ソナーレ（共鳴させる）」、歌で「カンターレ（歌う）」という観点である。

十六世紀おわりからは、通常短い曲で、一つの楽器による一部構成の楽曲を指すようになった。

十七世紀になると、ソナタは形式を整え規模も大きくなり、三つまたは四つの楽章を伴うようになる。教会用のソナタは「ダ・キエザ」と呼ばれた。ほかにも家庭つまり「室内」で演奏する「ダ・カメラ」があったが、この呼称は作曲家でヴァイオリニストだったアルカンジェッロ・コレッリ（一六五三～一七一三年）による。最初は一つか二つの楽器による合奏曲として書かれていたが、より規模を広げて三つめの楽器を迎え、これがバロック*の時代にトリオ・ソナタとなる（トマソ・アルビノーニ、ヤン・ディスマス・ゼレンカ〔一六七九～一七四五年〕）。

ソナタとはまた、十八世紀おわりに形式を整えたアレグロ・ソナタ形式の別称でもある。その代表は、ルードヴィッヒ・ファン・ベートーヴェンによるピアノ*ソナタやヴァイオリンソナタである。ソナタ形式は提示部、展開部、再現部の三部から成っている。この形式は、「ソナタ」と呼ばれる楽曲の第一楽章に置かれる。

打楽器

リズムはもちろん、音色も豊富。打楽器はクラシック音楽*でもそれ以外でも、欠かすことのできない楽器群で、叩いた時の衝突によって音を出す。打楽器は二つの大きなカテゴリーに分けることができる。一つは、音程は不定で高低が出せないもの（カスタネット、小太鼓など）、もう一つは、異なった高さの音を出せるもの（ティンパニ、木琴など）である。

音を出すために使われるのは、木製または金属製の鍵盤や皮の他、あらゆる素材があるが、もちろんそれは単なる音ではない。

打楽器は他の楽器とともにあらゆる時代の音楽に使用されている。リズムをとる役割があることは自明だが、異国趣味的な要素を加えることもある（モーツァルト『後宮からの誘拐』一七八二年作曲）。

二十世紀には打楽器のみの曲を書く作曲家もでてきた。ミロスラフ・カベラーチ（一九〇八〜七九年）（『八つのインヴェンション』一九六三年）、モーリス・オアナ（一九一四〜九二年）（『四つの舞踏用練習曲』一九五五年）、イアニス・クセナキス（一九二二〜二〇〇一年）（『プレイヤード』一九七八年）、ユーグ・デュフール（一九四三年生まれ）（『エレヴォン』一九七六年）などである。

人間の声*が最初の楽器と考えられているのと同様、手はおそらく最初の打楽器であったと思われる。

多声音楽（**ポリフォニー**）

単旋律音楽（モノディー）がひとつの声部*だけで成り立っているのに対し、多声音楽またはポリフォニーは、声または楽器によるいくつかの声部が同時に進行する。

厳密な意味では、ポリフォニーは十二世紀から十七世紀にかけて主流だった音楽書法体系のことも指す。

「オーケストラ」、「オルガン」の項も参照。

チェンバロ（**独**）、**クラヴサン**（**仏**）、**ハープシコード**（**英**）

「クラヴサンの音は（中略）、膨れさせることも小さくすることもできないので、この楽器に魂を吹き込めないことが、今までほとんど耐え難いことと思っていた。[1]」というような好意的とは言えない言葉で語るフランソワ・クープランは、それでもこの楽器を知り尽くし愛した大家だった。クラヴサンのフランス楽派の代表者である彼は、この楽器の限界を知っていたが、王のために二五〇曲近くものクラヴサン曲を作曲し、同時にその高貴さと可能性も知り尽くしていた。

（1）参考文献【42】。

「クラヴィツィンバルム」という言葉が最初に現われるのは、十五世紀はじめのドイツである。これは十八世紀おわりまでヨーロッパ全土でつねに見られた楽器だが、イタリア、フランドル、フランス、ドイツと、楽派によってそれぞれ違った形と違ったレパートリーを示していた。

チェンバロは響板、共鳴器、一定のメカニズムよって鳴る弦*、一段または二段の鍵盤（まれに三段もある）からなっている。二つの鍵盤を同時に鳴らすこともできる。

弦はギターのようにつまむことで音が鳴る仕組みで、これは弦をハンマーでたたいて音が鳴るピアノ*とは異なっている。鍵盤のひとつひとつはピアノのものよりも短く、音域も狭い。つまり、チェンバロとピアノは遠い親戚でしかない。よりチェンバロに近い楽器としては、ヴァージナルやスピネット（仏語でエピネット）などがある。

一七一七年、フランスの音楽家フランソワ・クープランは、『クラヴサン奏法』と題した七〇頁ほどの教本を出版した。そこには、楽器の前での座り方や姿勢の保ち方から始まって、アドバイスが満載されている。弾きながら顔をしかめる場合についての記述もあり、それを訂正するには、譜面台*に鏡を置いて自分の顔をよく見るようにと忠告している。しかし彼は、この楽器に特有な音色や、音を際立たせることの困難さなどについてはふれていない。オランダのチェンバロ奏者グスタフ・レオンハルトはこのような楽器の限界を一掃してこう言っている。「それはモノクロームなどではありません。下手な奏者にかかるとそうなる恐れはありますが。あらゆるものはモノクロームになり得るということです。歌手だってそうです。」（一九八七年八月十四日付け『ル・モンド』紙へのインタビュー）

一九六〇年代のはじめから、十七世紀から十八世紀のレパートリーの再発見と、それに伴う当時の楽器または楽器のコピーによる演奏が頻繁に行なわれるようになったことを受けて、チェンバロに深い興味の目が向けられるようになった。

チューニングピッチ／音叉

音楽は分かち合いであり、たいてい何人もで演奏するので、演奏の前に楽器の音をあわせることが必須となる。その際、音楽家たちはある音を参考にして楽器をあわせる。

一九三九年と一九五三年に、ある国際会議で、その音は〔中央のドの上の〕「ラ音」で、二〇度の室温のもとで四四〇ヘルツと定められた。

この音の世界化はつまりかなり最近のことで、それまでの長いあいだ、参考となる音は時代によって、場所によって、そして音楽の種類によってまちまちであった。同じ街でも、この「ラ」音は、教会、邸宅のサロンなどで異なっていたのである。ヴァイオリンがパイプオルガン*と一緒に演奏する場合、四本の弦*を調弦するのが比較的簡単なヴァイオリンが、パイプごとに多くの制約があるオルガンにあわせるのが常であった。

この「ラ」音は、歌手の希望によって変わることもあった。

多様性の例をとると、十八世紀はじめのパリでは、「ラ」は四〇四ヘルツだったが、オペラ・コミック座では一八二三年に四二八ヘルツに、オペラ座*では一八五六年に四四九ヘルツに定められていた。

その三年後、ある省令によりフランス全土で四三五ヘルツと定められた。モーツァルトの時代の一七八〇年には、ザルツブルグでは四二二ヘルツだったが、これはそれより三〇年前、ロンドンでヘンデルが聞いていた「ラ」音と同じ高さである。

現代では、バロック音楽*の楽器演奏家は大抵が「ラ」音を四一五ヘルツに定めている。これは、現代楽器のチューニングピッチより半音低い。

四四〇ヘルツと国際会議で決定されてはいるものの、「ラ」音は徐々に高くなってきている。その理由の一つに、オーケストラ*の楽器奏者が、〔弾くうちに〕音程が低くなることを恐れていることがあるようだ。

フランス語でこのチューニングピッチを表わす「ディアパゾン」という言葉には、そのピッチを決めるU字型の道具「音叉」という意味もある。

通奏低音

通奏低音（フランス語ではB.C.と略されることが多い）またはコンティヌオとは、おもに十七世紀から十八世紀、つまりバロック*の時代に使われていた記譜システムで、楽譜に記載された単音符を和声*として演奏させる方法である。いくつもの声部を含む音楽作品では、低音部は異なったいくつかの楽器によって演奏されることがある。その楽器のなかには、バスーンやチェロのように単旋律楽器もあれば、リュート、チェンバロ*、オルガン*のように、多声楽器もある。後者の楽器群が、シンプルで画期的な通奏低音のシステムを導入するようになった。作曲家は、音符に数字を記すことで、和声として表現できるのである。たとえば、レの音の上に4と数字が示されていれば、レから四度上のソの音を加えることが望ましいという指示となる。つまり、演奏者に和声の骨格を示しているのである。演奏者はこれをふまえて、作品の精神に則った和声規範に従って適用可能な和声を加えていく。一つの音符にいくつもの数字が記入されていることもあるが、すべての音符に数字が記載されているというわけではない。作曲家は、演奏されるべき和声がおのずと明確でない時にのみ、数字を明記するということもあるのだ。通奏低音の奏者は、数字付き低音を和声にする際、他のパートを参照して演奏することもある。この場合、垂直方向（和声）および水平方向（対位法）の両方を満たした結果を得ることができる。和声を奏でるにあたっては、とくに作品の精神にのっとり、よい趣味で行なうことが重要とされる。よい趣味といってもあいまいで明確な決まりはないが、「何かはわからないけれど、心地よくて好ましい」といえるものである。[1]

（1）参考文献【43】。

ディーヴァ

「ディーヴァ（神々しいという意味の語の女性形）」は、多くが数奇な人生を送るまれに見る女性花形歌手である以前に、貴族や王たちにもてはやされた男性の「ディーヴォ」だった。この言葉と花形歌手という現象はともに、十七世紀の、カストラート*の存在や、オペラ*の発展をとおして生まれ、十九世紀には女性歌手が優位にたった。

最初のフランス人のディーヴァは、おそらくオルタンス・シュネデール（一八三三〜一九二〇年）であろう。彼女は第二帝政下で劇場の女王とされ、楽屋には多くの王侯貴族が彼女に会いにやってきた。しかし、カトリーヌ・ジャンヌ・オルタンス・シュネデールは、花屋、お針子、布類の整理係、または小間使いにとどまっていたかもしれないのだ。ボルドーに生まれた彼女は、十二歳のときすでに歌手になろうと決めていた。二十歳で当地の歌劇団に雇われ、地方紙である『ロット・エ・ガロンヌ新聞』には「彼女の声は、彼女自身と同じくらい美しい」と評された。その後少し経ってパリに上京し、偶然ジャック・オッフェンバックと出会い、またたくうちにスターの座を上りつめた。舞台では大成功、私的には男性のあいだでもかなり成功をおさめた。一八六四年に一旦舞台から身を引くが、パリで上演されたオッフェンバックの『美しきエレーヌ』（一八六四年）、『ジェロルスタン大公女』（一八六七年）で再び大成功を収めた。彼女が歌うオペラ・ブッフは、パリの他の出し物を陰に追いやってしまったのだ。パリ万博訪問の際には、ジェロルスタン大公女を名乗り、貴族相応の対応を要求した。ディーヴァの完全なリストをつくるのは至難の業である。一人でも忘れるならば不敬罪と見なされるだろう。

近代における最初のディーヴァはおそらくマリア・マリブラン（一八〇八〜三六年）だ。彼女は二十八歳で早逝したが、それがさらなる伝説を生み出した。

テンペラメント／調律／音律調整

鍵盤楽器（ピアノ*、パイプオルガン*、チェンバロ*など）を調律するのは、一見するよりもずっと複雑な仕事である。それは、ヴァイオリニストや歌手〔が同じ音でも場合に応じて微調整するの〕とは違って、ひとつひとつの音の高さを固定的に決めてしまうということである。そこで調律師は、テンペラメント、つまり音階にあるそれぞれ二音間の音程をどのように振り当てるかという方法を、あらかじめ選ぶ。それが平均律の場合、耳ではこの振り当ては正しいと感じるが、数学的には正しくはない。この「平均」律は、オクターブを一二の半音に平等に分割することで得られるのだが、音響学的観点から見ると、平均律で調律した音程はひとつも正しくないのである。しかしその誤差は微少で、普通の耳には感知されない。

〔ドイツの音楽家で音楽理論家の〕アンドレアス・ヴェルクマイスターが十七世紀末に確立したとされている平均律は、他の多くの調律法と同様、鍵盤楽器を調律する方法である。他には、さまざまな中全音律（耳に心地よい純正長三度が八つと、不快と言えるほどの三度が四つを含む調律法）が存在する。これらの非平均律によると、一部の調性が使えないという事態が起きるが、逆に平均律とはまた違った豊かな響きを選ぶことができる。

十七世紀から十八世紀にかけて、多くの作曲家や理論家が、それぞれの調性の性格を規定した。たとえば、マルカントワーヌ・シャルパンティエ(1)は、ハ長調は「陽気で好戦的」、ニ長調は「喜ばしく大変に好戦的」、ホ長調は「けんか好きで叫ぶよう」、ヘ長調は「猛り狂って怒り」、ト長調は「やわらかく喜ばしい」という。彼はこのような枠で感情をさまざまに表現したのである。

（1）参考文献【44】。

これとは逆に、平均律で調律された楽器ではすべての調性が同じように響く。

テンポ

テンポ（イタリア語の複数ではテンピ）とは、ある楽曲に与える速度のことである。速度を指すおもな言葉は、遅いほうから速いほうに、ラルゴ、レント、アダージオ、アンダンテ、モデラート、アレグレット、アレグロ、ヴィヴァーチェ、プレスト、プレスティッシモである。これらの言葉は以前から存在したものの、十九世紀に明瞭な方法でテンポが定められるまでは、その意味は大ざっぱだった。

速度を表わす言葉のリストには、他にも、さらに速度の意味合いが明瞭になるような多くのイタリア語の言葉がある。ラルギッシモ、トランクイーロ、ヴィーヴォ、ヴィヴァーチッシモなどである。これに、作曲家や楽譜出版者のアイデアを示す形容詞がつくことがある。楽譜出版者はかつて、演奏に関する指示を表示する役割を担うこともあったのだ。しかしこれについては、オーストリアの指揮者ニコラウス・アルノンクールの指摘をつねに意識する必要があろう。「十七世紀から十八世紀のイタリアのテンポ表示をよく理解するためには、これらの言葉のほとんど（アレグロ、ラルゴ、プレストなど）が、通常に使われるイタリア語の語彙であり、そして現在でもそうであるということを理解しなければならない。これらの言葉はイタリアの作曲家が音楽用語として使ったのではなく、字義どおりに使われたということである。つまり、アレグロは『楽しく、愉快に』という意味であり、とりたてて『速く』という意味はない。このような快活さが要求するテンポのもつ特別な性質によって、アレグロという言葉が、間接的に速度を表わす言葉になったのである。[1]」

(1) 参考文献【30】。

十八世紀には、作曲家はダンス表現(「ガヴォットのテンポで」、「メヌエットのテンポで」等)を使うこともあった。これは、テンポだけを表示するより、その曲がどのような精神で演奏されるべきかを示すものだった。

オランダの時計職人によって十九世紀はじめにメトロノームが発明されたことで、十七世紀から使われてきた、曖昧ではあるが詩的な語彙に、明瞭な拍動数が与えられることになった。そのメトロノーム表示によると、グラーヴェは一分間の拍数が四〇から四四となっている。

音楽は、演奏する場の反響などともかかわる解釈の問題であるので、テンポは結局、主観的な概念にとどまるといえる。

トッカータ

ヨハン・ゼバスティアン・バッハはオルガン*独奏用のトッカータを五曲かき、このジャンルをヴィルテュオーソ性のひとつの模範にまで引き上げた。しかしこれらの曲は、「トッカーレ」という動詞の第一義をつねに思い起こさせるようなものでなければならない。すなわち、十五世紀のイタリア語で、オルガンやリュートなど多声表現のできる楽器を演奏する、という意味である。音楽家は指がすべるにまかせてイマジネーションを駆け巡らせてゆく。つまり、この言葉は何かを見つけ出すという概念とかかわっているのである。音楽家がはじめてある楽器を手にし、思いにまかせて、またその場の響き方によって、さらには鍵盤や弦*に触れて感じるところに応じて、賢明であったり羽目を外したりする即興演奏*をするのが想像できる。

トッカータはリズムやメロディーが頻繁に変わるのが特徴である。それは、レチタティーヴォ*に似ている。十七世紀になるとこのような自由な性格が、少なくとも表面からは消え去り、それまでの純粋な即興はきちんと構成された書法に変わってしまった。「トッカーレ」という動詞から名詞「トッカータ」が生まれたのである。

トッカータは例外的にオーケストラ*用のものもある。一六〇七年作曲のモンテヴェルディのオペラ*『オルフェオ』の序曲*である。

鳥

カッコウ、ツグミ、ムネアカヒワ、ウグイス……。いつの時代も、鳥は作曲家の霊感をかき立てる。それは単にフルートが鳥のさえずりを忠実に再現できるからというだけではない。

「鳥が鳴くのを聞いてみなさい。鳥は音楽の師匠だ。」とは、ポール・デュカ（一八六五〜一九三五年）が生徒のオリヴィエ・メシアンに語った言葉である。彼よりずっと前には、ゲオルグ・フリードリヒ・

ヘンデル、ジロラーモ・フレスコバルディ（一五八三〜一六四三年）、フランソワ・クープラン、ジャン＝フィリップ・ラモー（一六八三〜一七六四年）、アントニオ・ヴィヴァルディが音楽の師匠の歌を注意深く聞いた。

結果は、さえずりそのものにかなり近い音楽もあれば、さえずりの精神で表現した音楽もある。イタリアのジロラーモ・フレスコバルディが一六二四年に出版した楽譜には、チェンバロのための楽曲『カッコウに基づくカプリッチョ』で、カッコウの鳴き声の特徴を模して下降三度音程を使用している。ヨハン・ゼバスティアン・バッハには動物を模した曲はほとんどないが、非常に厳格な『フーガの技法』でカッコウと同じようなモチーフを使っている。フランスのルイ・クロード・ダカン（一六九四〜一七七二年）もほとんど同じ時期に、ある『ロンド』でこれを使用している。

昔から伝わる作者不明のイギリスの声楽曲二曲『夏は来たりぬ』と『カッコウ』も鳥をテーマにしている。

「夏は来たりぬ
大声で鳴くはカッコウ
種は芽をふき草原には花咲き
木々は伸びたり
歌えよカッコウ」

「カッコウは愛らしき鳥
飛ぶように鳴きたり
良き知らせをもたらし
嘘つくことなし」

アントニオ・ヴィヴァルディの『四季』の各季節には詩が一編づつ綴られており、『夏』には次のようにある。

「カッコウが鳴き出し
それにあわせ
コキジバトやゴシキヒワも鳴き出す」

そしてヴィヴァルディの音楽はもちろんこの様子を再現している。

ツグミ〔またはウグイス〕も音楽ではよく取り上げられる鳥である。ゲオルグ・フリードリヒ・ヘンデルの『快活の人、沈思の人、中庸の人』（一七四〇年）のなかの『スイート・バード』のような単なるアリア*から、二十世紀はじめにイーゴリ・ストラヴィンスキーが作曲した『夜鳴き鶯』（一九一四年）

のように、オペラ*全体に至るまでさまざまである。

フランスの作曲家オリヴィエ・メシアンは鳥への強い情熱を示し、作品には『鳥たちの目覚め』（一九五三年）、『異国の鳥たち』（一九五五〜五六年）、『鳥のカタログ』（一九五六〜五八年）、『鳥の小スケッチ』（一九八五〜八七年）などがある。

最後になるが、モーツァルトのオペラ『魔笛』の登場人物、鳥刺しのパパゲーノと有名なアリア『私は鳥刺し』を引用しないで、いかにして音楽における鳥を論じられようか。

バレエ

十七世紀はじめには、バレエは一連のダンスや快いディヴェルティスマン（楽しみのための音楽や踊り）以上のものだった。それは政治の手段として、王が権威を主張するための道具だったのだ。権力者はみずからの手柄や栄光をバレエという形で宣揚し、これをプロパガンダに用いた。その内容は豪華絢爛で、通常一回きりの上演作品として準備されたが、成功のいかんでは何度も上演されることもあった。一六二〇年以降は一般にも公開され、「バレエ・ド・クール（宮廷バレエ）」として、王による典型的なディヴェルティスマンとなった。構成は次のように固定されていた。まず序曲*が演奏され、次にいくつかの「アントレ（場）」が続く。アントレの数は一〇から三〇とさまざまで、いくつかがまとまって一幕となっている。幕の数は最高五幕で、最終アントレとなる大規模なバレエにはダンサーがすべて集い、大フィナーレで終わる。

王みずからもこのような祝祭に参加し、いくらか踊っている。簡単なアントレで踊ったあとは、客席の王専用席にもどって続きを鑑賞したのである。

一六四一年、舞踏教師ニコラ・ド・サン＝テュベールが『バレエ創作・成功法』という小冊子を出版した。彼によると、美しいバレエには六つの要素が不可欠だという。主題、音楽、ダンス、衣装、舞台装置、秩序である。この秩序というのは現在の演出にあたる。

以上のようにバレエは総合芸術として、詩、声楽・器楽音楽、振り付け、舞台美術を伴うものである。当時のバレエのタイトルには『ひっくり返った世界』『バッカナーレ』『盗賊』『バベルの塔』など、興味をそそられるものが多い。作品の数は年によってかなり異なり、たとえば一六一七年には一〇作品が上演されたが、一六二一年は三作品のみにとどまっている。

宮廷を離れたバレエは、以降、オペラ座*の舞台にその場を定め、十九世紀に大成功を収める。フランスではとくにアドルフ・アダン（一八〇三～五六年）の『ジゼル』（一八四一年）や、レオ・ドリーブ（一八三六～九一年）の『コッペリア』（一八七〇年）などが、ロシアではもちろんピョートル・イリイチ・チャイコフスキー（一八四〇～九三年）の『白鳥の湖』（一八七五年）、『眠れる森の美女』（一八八八年）、『くるみ割り人形』（一八九一年）や、イーゴリ・ストラヴィンスキー（一八八二～一九七一年）の『火の鳥』（一九一〇年）、『ペトルーシュカ』（一九一一年）、『春の祭典』（一九一三年）などが有名。

バロック

バロックという語の持つ意味については、言い尽くされた感があるが、この語は今でも軽蔑的な意味合いで使われることがある。あまりにも多くの場合間違って、奇妙な、風変わりな、突飛な、キッチュな、さらには趣味の悪いというような意味と同義で用いられている。これは昨日に始まったことではなく、一七六八年には、すでにジャン゠ジャック・ルソーがバロック音楽のことを「和声に転調や不協和音が多く雑然とした音楽」と定義している。[1] この観点についてはもう何も言うことがないものの、ルソーが欠点と考えていることがらは、まさにバロック音楽の豊かさでもあるのだ。それはコントラストにあふれ、雄弁で、技巧的かつ装飾音に満ちた音楽なのである。

（1）参考文献【45】。

音楽としてのバロック様式は、新しい音楽書法（スティーレ・モデルノ、新様式）の誕生とともに現われた。この新書法は、通奏低音*に支えられた単旋律が特徴である。

音楽学者が定義するバロック音楽の時代とは、クラウディオ・モンテヴェルディ（一五六七〜一六四三年）によって一六〇〇年頃に始まり、ヨハン・ゼバスティアン・バッハの死（一七五〇年）によって終わるとされている。

この時代に、オペラ*、オラトリオ*、カンタータ*などのジャンルが生まれ、興隆した。多くの世俗曲とともに宗教曲もみられるが、それらは音楽でドラマ性を表現したものである。

バロックという形式の誕生と発展は、まず建築分野から始まり音楽に至るのであるが、反宗教改革と密接なつながりがある。「バロックの目的は説得することだ。引きつけ、魅惑し、手なづけ、そして感動させ、さらには屈服させるのだ。[1]」

（1）参考文献【46】。

バロックとはポルトガル語を起源とする言葉で、もともとは、いびつな形の真珠を指していた。「バロッコとは宝飾の専門用語で、完全に球形ではない真珠を指すことのみに使われる言葉である。」（フュルティエール『フランス語辞典』、一六九〇年）

ピアノ

ピアノは何より、音楽の夢を代言する楽器である。「テーブルにチョークでなぐり書きしたピアノの鍵盤。バッハの前奏曲とフーガの音符に従って、指がその鍵盤の上を滑ることを覚えていく。生きた音が欲しいという強い欲望を感じていた私には、それは痛々しいことだった。[1]」ピアノのない青年時代をこう追憶したのはレオシュ・ヤナーチェク（一八五四〜一九二八年）だった。ピアノという楽器は、それだけで音楽と同義語なのだ。

（1）参考文献【47】。

「クラヴィチェンバロ・コル・ピアノ・エ・フォルテ〔小さくまたは大きく鳴るチェンバロ〕」、略称「ピアノフォルテ〔またはフォルテピアノ〕」を発明したのは、イタリア*、パドヴァのチェンバロおよび弦楽器*製作者、バルトロメオ・クリストフォーリ（一六五五〜一七三一年）である。新しい楽器に彼がつけた名前には、遠い祖先のチェンバロ*では不可能だったダイナミックなニュアンス*を出せるという、革新の鍵となるアイデアがそのまま表われている。一見してふたつの楽器に共通するのは鍵盤であるが、違いもたくさんある。

ピアノフォルテの第一号がいつ製作されたのかはわかっていないが、おそらく一七〇〇年頃と考えられている。この頃の楽器は弦*を引っ掻くのではなく叩くことで音が鳴る小さな楽器、クラヴィコードを発展させたものだった。

あらゆる鍵盤楽器のヴィルティオーソ*でエキスパートだったヨハン・ゼバスティアン・バッハは、ゴットフリード・ジルバーマンが製作したピアノフォルテを演奏する機会があったが、その頃の楽器は、まだメカニック面で多くの改良が施される前だった。そのときバッハは「高音域は弱く、弾くのが難しい[1]」と厳しく断じている。

（1） 参考文献【48】。

しかしながら数年のあいだに目を見張るような進歩がもたらされた。モーツァルトのピアノの音は非常に澄んでいたが、まだ小さな音しか出なかった。

十九世紀を通して、ピアノは、ヨーロッパ全体を燃え上がらせた音楽の流れ〔ロマン主義〕に従って見事な進歩を遂げ、ベートーヴェン、ショパン、シューマン、リストなどが、芸術的にも技術的にも力強い表現を示すようになったピアノを讃えた。それは、リストが次のように綴っているとおりである。「（略）その重要性は非常に大きいと見ている。私の目には、あらゆる楽器の中でも最高の場所にあると見える。すべての中で最も教養的で最も人気があるが、この重要性と人気は、この楽器だけが持つハーモニーの強さによるところが大きい。その強さに次いで、芸術*全体を統括し凝縮する可能性を持っていることにもよる。七オクターブという音域で、オーケストラの音域をカバーし、一〇〇以上の楽器がともに奏でるようなハーモニーをうみだすのに、一人の人間の一〇本の指で充分なのだ。[1]」

魅力的で予想を超える、完全な楽器、ピアノ。二十世紀にも使われ続け（ベラ・バルトーク、ジョージ・ガーシュイン、モーリス・ラヴェル、セルゲイ・ラフマニノフ、エリック・サティ等々）、その音はつねに作曲家たちを魅惑している。

（1）参考文献【49】。

ビニウー

おもにフランスのプロの音楽家のあいだでは、「ビニウー」とは、種類の別なく楽器を指す言葉で、とくに、もともとの意味であるブルターニュ地方のバグパイプのことではない。つまり、ヴァイオリンや巨大なパイプオルガンも「ビニウー」となる。例外として、この言葉はピアノには一切用いられないのだが、その理由はまったくわからない。

標題音楽

標題音楽とは、描写や、あるものを想起させるはたらきを取り入れた音楽である。作曲家はナレーターとなり、その楽譜は言葉と同じくらい説得力を持つようになる。標題音楽は、十九世紀に黄金時代を迎える前にも、十八世紀頃から高く評価されていた。一七〇〇年には、ヨハン・クーナウが『聖書ソナタ』を作曲、ヨハン・ゼバスティアン・バッハは十八歳のとき『愛する兄の出発へのカプリッチョ』を書いた。このような曲のリストは長大だが、そこにはアントニオ・ヴィヴァルディの『四季』も入っている。ヴィヴァルディは、この曲を聞きながら読む四編の詩を書いている。

標題音楽が最高潮に達したのは十九世紀だった。ルードヴィッヒ・ファン・ベートーヴェンの『田園交響曲』（一八〇八年）、エクトル・ベルリオーズの『幻想交響曲』（一八三〇年）などは、音楽がさまざまな光景を描くよい例である。

同じような着想で、交響詩が誕生し大成功を収めた。交響詩は最も完成された形の標題音楽である。フランツ・リストの『山上で聞きしこと』（一八四八年）や『マゼッパ』（一八五一年）、チェコのベドジフ・スメタナ（一八二四〜八四年）の『我が祖国』（一八七九年）、ロシアのアレクサンドル・ボロディンの『中央アジアの草原にて』（一八八〇年）、モデスト・ムソルグスキー（一八三九〜八一年）の『禿げ山の一夜』（一八六七年）、クロード・ドビュッシーの『牧神の午後への前奏曲』（一八九二〜九四年）などなど。

交響楽団としてのオーケストラ*の可能性が、とくに北・中央ヨーロッパで生まれた国民感情とあいまって、それに聴衆の趣向も加わって、このような作品が次々と誕生したと言える。

標題音楽はまた、ソナタ*の形（ベートーヴェン『告別ソナタ』一八〇九〜一〇年）、交響的な形（ポール・デュカ『魔法使いの弟子』一八九七年）、室内楽の形（メシアン『世の終わりのための四重奏曲』一九四一年）、オラトリオ*の形（ハイドン『四季』）などをとることもある。

ファクシミリ

ファクシミリは手稿または初稿を忠実に複写コピーしたもので、音楽家たちは、作曲家の意図をよりよく汲んでその音楽の源に近づくためにこれを使用する。ファクシミリ楽譜の使用は、一九六〇年代から七〇年代にかけて、バロック音楽*の新しいアプローチとともに広まった。

フィルハーモニー

ギリシア語を起源とする言葉で、語源的に解釈すると「音楽への愛情」という意味になるが、この語源の意味は消えて久しい。ニュー・グローヴ音楽大辞典の一九〇四年版には、「フィルハーモニー協会」という項目があり、その解説として「オーケストラ音楽と器楽音楽を奨励するために一八一三年にロンドンで設立された」とある。つまりフィルハーモニーとは、アマチュアの楽器奏者を会員とする地域的な音楽協会のことだったのである。

時代が下るにつれて、フィルハーモニーはプロのオーケストラ*と同義となる。ヨーロッパ（ロンドン、プラハ、ベルリン、ウィーン）やアメリカ（ボストン、シカゴ、ロサンゼルス等）の大都市には、都市の名前を関した著名オーケストラが「フィルハーモニー」という呼称で存在する。

フィルハーモニーとはまた、フィルハーモニー管弦楽団（およびその他のオーケストラ）が演奏を行なうコンサートホールの名称でもある。

フーガ

「一番光栄なのは、フーガの演奏です。」ヨハン・ゼバスティアン・バッハが書いた一文かと思いきや、これは、一七七八年にヴォルフガング・アマデウス・モーツァルトが父に宛てて書いた手紙のひとくだりである。彼の時代はすでに、十七世紀から十八世紀前半のように、フーガが栄光を得るような時代ではなくなっていた。しかしモーツァルトはフーガという形式を知り尽くしていた。十四歳のとき、有名なイタリアの音楽教師マルティーニ神父が出したフーガ課題にじっくり取り組んでいたのだ。フーガは作曲を教えるのにとくに適していた。そこではいくつかの声部*が対話する（最も簡単なもので二声、バッハの『音楽の捧げもの』は異例の六声である）。各声部は、最初に出てくるテーマ（主題ともいう）を奏でる。このテーマを繰り返し聞かせること自体は難しくはないが、他の声部がどのように入ってきて、どのように対位法を作り上げるかが非常に難しい。各声部はそれぞれが話法を持っており、テーマは確かに最重要ではあるが、テーマに対する応答も作品に大きな意味を持たせている。イギリスの音楽学者ドナルド・フランシス・トーヴィが、「フーガは音楽形式ではなく、音楽のテクスチュアである」[1]と言ったとおりである。

（1）参考文献【50】。

もちろん、エクリチュールの規則にしたがって、尊重すべきことがらや、禁止事項はある。しかし、天才とはつねにそのような規範を超えるもので、ヨハン・ゼバスティアン・バッハのフーガには、その規則をよく知らない者にはまったくわからないが、音楽院*の教授たちからは容赦なく指摘されるような「間違い」がいろいろと見られるのである。たとえば、彼の音楽的遺書というべき『フーガの技法』の第一フーガの中ほどで、バッハはベース声部に最初のテーマとは微妙に異なった旋律を書いている。これは間違いなのだろうか。いやむしろ、巨匠の茶目っ気と言ったほうがよいだろう。

フーガは、カノン、カンツォーネ、リチェルカーレなど、より古い形から生まれた。カノンは最も単純で最も厳格な模倣形式である。

フーガによっては、いくつかのテーマを含むものもあり、その場合、曲はさらに複雑なものになる。ジャン=ジャック・ルソーの『音楽辞典』では、フーガを「有能な和声作曲家によるぶざまな傑作」と定義している。これには、フーガで苦労した著者自身の意見か、十八世紀末にフーガがすでに時代遅れとなっていた頃の表現が入っていると見るべきであろう。

だからといって、その後、対位法的書法がなくなったというわけではない。ヴォルフガング・アマデウス・モーツァルトは晩年に、ルードヴィッヒ・ファン・ベートーヴェンは『弦楽四重奏曲』作品*一三三で、またブラームスは『ドイツ・レクイエム』で、さらにショスタコーヴィッチ（一九〇六〜七五年）は一九五〇年作曲の二四の『前奏曲とフーガ』で、その厳格さを存分に描き出している。

譜面台／楽器パート

はじめは、かさの大きいグレゴリオ聖歌集*を置く、木製の装飾つき書見台だった。十七世紀、ニコラ・ボワローはこれにまつわる英雄滑稽詩をつくったが、そのうちの二行は次のようなものである。

「書見台の後ろと洞の奥の
腰掛けの上にやっと聖歌隊員がいるのが見える」

その威容が失われて教会以外でも見られるようになった書見台は、楽譜を置くという純粋に実際的な役割をもつ譜面台となった。

大オーケストラ（交響楽団や管弦楽団）では、二人の団員がひとつの譜面台を共有することはまれではない。場所も広く使える上、二人のうち一人が楽譜をめくるので、二人が同時に楽譜をめくって音楽が止まるのを防ぐことができる。

「譜面台」を指すフランス語のピュピートル（pupitre）という言葉は、意味が拡大されて、楽器奏者や歌手が属するパートを指す言葉としても使われている。オーケストラのチェロ「パート」、合唱のソプラノ「パート」という具合に使用される。

フリカッセ

この言葉が子牛肉や野菜などいろいろな材料を長時間煮込んだシチュー料理を指すように、音楽のフリカッセにも、よく知られた歌の一部や、民衆的な旋律など、さまざまな要素が入り交じっている。

作曲家はこれらの要素を巧みに混ぜ合わせて、芸術的かつコミカルな作品に仕上げるのである。フリカッセは十六世紀フランスに特有の楽曲形式である。ラテン文学者はフリカッセのことを「クオドリベット」と呼ぶ。

十八世紀にはいっても、このような曲の伝統とこれに対する趣味は根強く残っていた。ヨハン・ゼバスティアン・バッハは、非常にまじめな『ゴールドベルグ変奏曲』の最終変奏で、彼の芸術を凝縮しつつユーモアあふれる例を示している。この変奏では、当時のドイツの流行歌が二曲導入されている。「長いことご無沙汰していた。さあ、おいでおいで」と「キャベツとカブに追い出された。もしお母さんが肉を料理させていればもっとここに残ることができたのに」である。

ベル・カント

広義では「ベル・カント」とは、美しくしなやかで、純粋かつ技巧性にあふれた歌唱法という意味になり、どの時代にも用いることができる。しかし「ベル・カント」といえば、ジュリオ・カッチーニ（一五五一〜一六一八年）が「よき歌唱法」と言ったことに他ならない。この観点からいうと、オペラ*と切っても切り離せない関係にある。

音楽史の専門家によると、厳格な意味では「ベル・カント」の時代とは、十七世紀おわりから十九世紀はじめの期間を指し、その最後の代表的音楽家はジョアッキーノ・ロッシーニ（一七九二〜一八六八年）である。

ベル・カント芸術は、十八世紀を通して、カストラートの独占分野だった。十九世紀には、マリア・マリブランやジュディッタ・パスタなどの女性歌手がこれを受け継いだ。二十世紀における代表歌手としては、モンセラート・カバリェやマリリン・ホーンの名前を挙げることができる。

変奏曲（ヴァリエーション）

ある程度有名なあるアリア*を選ぶ。もちろん、超有名曲を選んでもいい。お好みならば、好きな作曲家の好きなメロディでもいい。とにかく短くて歌いやすいものをお勧めする。そしてピアノ*の前に座るか、ギターを手に取って、まずそのメロディのテーマを弾いた後、イマジネーションの趣くままにそのテーマを変化させ、装飾し、豊かなものにしてみよう。技巧を、少し、あるいはたくさん披露して、聞く人を驚かせてみよう。熟練すれば、この大好きなメロディに基づくいくつかの変奏曲を即興で演奏することができるようになるだろう。でも、できるかどうかわからないって？

モーツァルトは、一七八三年三月ウィーンの市立劇場でのコンサートで、グルック（一七一四～八七年）のオペラ*『メッカの巡礼者』からとったテーマに即興の変奏曲をつけている。作曲者グルックがこのコンサートを聴きにきていたこともあり、モーツァルトは彼にオマージュを捧げたのであろう。この変奏曲をモーツァルトが楽譜として記すのは、一年後のことである。モーツァルトが演奏していたような変奏曲は、起源をたどるとパッサカリアという三拍子の中庸なテンポ*の舞曲に由来する。パッサカリアは十六世紀にスペインで起こった。通常かなり長い曲で、最初から最後まで同じ音形を執拗に繰り返す低音部にのって、テーマがさまざまに発展する。スペインのパッサカリアは十七世紀にイタリア*で非常によく受け入れられた。その少し後、フランスに導入され、さらにドイツに至る。十八世紀にはヨーロッパではもうパッサカリアにのって踊るということはなくなり、かわりにオペラやコンサートで聞く楽曲となった。パッサカリアの一種として、シャコンヌや、イギリスの「グラウンド」と呼ばれる形式があり、ともによく好まれた。これらの有名な作曲家としてリュリ（オペラ『アマディス』のシャコンヌ、一六八四年作曲）、バッハ（『パッサカリアとフーガ』作曲年不詳）、ブラームス（『ハイドンのテーマによる変奏曲』一八七三年作曲）などがある。

マドリガーレ

「歌の祭典であると同時に言葉の絵画」(1)と詩的かつ明快に定義されたマドリガーレは、思い通りにいかないことが多い愛情という感情と密接に関連した世俗音楽の一ジャンルである。マドリガーレはイタリア語でしか歌われないという考えは一部間違っているが、マドリガーレはイタリア語でその本領を発揮するというのはまったく的を得た考えである。

（1）参考文献【51】。

マドリガーレは、民衆音楽*の一形態である「フロットーラ」に由来する。十六世紀前半に発展し、ルカ・マレンツィオ（一五五三～九九年）、カルロ・ジェズアルド（一五六〇～一六一三年）、そしてクラウディオ・モンテヴェルディの時代に黄金時代を迎えた。

マドリガーレは複数声部*で書かれ、ア・カペラ*またはいくつかの楽器による伴奏付きで演奏される。

ロマン派時代のリート*と同様、マドリガーレは歌詞によって真価が発揮される。歌詞となる詩は非常に洗練されたものであることが多い。

オペラ*、カンタータ*、オラトリオ*などに比べると度合いが小さいが、イタリアのマドリガーレは欧州各国でさかんに作曲・演奏された。フランスではその数も機会も少なかったが、ドイツではハインリッヒ・シュッツ、ハンス・ハスラー、シャインなどによって豊かな芸術作品となり、スペインやイギリス（フランシスコ・ゲレーロ、マテオ・フレッチャ、ウィリアム・バード、トーマス・タリス、トマス・モーリー）でも大きく開花した。

マンハイム楽派

マンハイムはネッカー川とライン川の合流点に位置するとても小さな町である。その運命は悲劇におおわれていて、二度にわたって地図から抹消されたという過去をもっている。一六二二年、ドイツを疲弊においやった三十年戦争時と、ルイ十四世の軍隊がこの地方を蹂躙したプファルツ選帝侯の継承戦争時〔一六八〇年代後半〕である。しかしマンハイムでは生は死に勝ると言われていた。町は戦火からよみがえっただけでなく、活発な科学・芸術の拠点として、十八世紀にはその名声をヨーロッパ中にとどろかせたのである。この時代のマンハイムは、音楽において真に良い趣味を持った町と考えられており、ウィーンとその地位を競うほどだった。

二人の君主がこの町を有名な音楽都市にした。カール・フィリップとカール・テオドールである。一七二〇年から一七七八年にかけて、マンハイムの宮廷は音楽家たちにとって天国ともいえる場所だった。ヨーロッパ中から音楽家が集まったが、とくにドイツとボヘミアの出身者が多く、彼らは、交響曲*、協奏曲*、協奏交響曲を中心に音楽三昧に浸った。ドイツの貴族生活を熟知するある人物は、マンハイム公のオーケストラを語るのに、イメージにあふれた言葉を使っている。「そのフォルテは雷であり、クレシェンド*は瀑布、ディミニュエンドは遠くで音を立てるクリスタルの波、そしてピアノは春の息吹である。(1)」マンハイム楽派といえばまず音の響きであり、あらゆるデュナーミクや強弱法*（ニュアンス）を用いてオーケストラを響かせるやり方である。イギリスの音楽学者チャールズ・バーニーは、マンハイムのオーケストラのことを「将軍たちからなる軍隊」と評した。

（1）参考文献【52】。

マンハイム楽派の音楽家や作曲家には、ヨハン・シュターミッツ（一七一七〜五七年）、その息子のカール・シュターミッツ（一七四五〜一八〇一年）、フランツ・クサヴァー・リヒター（一七〇九〜八九年）、クリスティアン・カナビッヒ（一七三一〜九八年）、イグナーツ・ホルツバウアー（一七一一〜八三年）などがいる。彼らのほとんどは、マンハイムで音楽習得*を行なっている。というのも、この町は本格的な音楽教育の拠点でもあったのだ。この楽派はたった六〇年ほどにわたってその威光を輝かせたに過ぎないが、ヴォルフガング・アマデウス・モーツァルトはこれに大変に感銘を受けている。

ミュージカル

二〇一一年春にパリで上演されたスティーヴン・ソンドハイムのミュージカル『スウィーニー・トッド』を観た人には、ミュージカルとクラシック音楽*のあいだに密接な関係があることは自明である。

ソンドハイムの作品は数々のテーマとオペラ*に匹敵するようなオーケストレーションで、非常に豊かな音楽となっている。その豊かさに相応するように、オーケストラピットでは五〇人近くのオーケストラ団員が、舞台上では俳優と歌手がソリストとして、合唱団*とともに演技・演奏を繰り広げる。ミュージカルは、単なる娯楽以上のものでありえるのだ。それはエンターテインメントであり、ショービジネスであるが、同時に大芸術でもある。

　いまからずっと前、一八六六年に、フランスのダンサーの一団が、公演が予定されていたニューヨークの劇場が火災にあい、行き場を失っていた。そこで、これまでにない新しさを求めていたあるプロデューサーが、「フレンチテースト」と奇麗どころのダンサーたちを売り込むことを決めたのだ。こうして生まれたミュージカルの祖先『ブラック・クルック〔黒詐欺師〕』の公演は、一年以上も続いた。二十世紀はじめ、ニューヨークはありとあらゆるジャンルの出し物にあふれていた。フロレンツ・ジークフェルトの「レヴュー」、古き良き時代のヨーロッパ風のオペレッタ、そしてバッファロー・ビルの「ワイルド・ウェスト・ショー」。このように多様な出し物が次々に湧いて出るような状態によって、オペラのごとく、さまざまな芸術分野をとりいれた新しいジャンルが形成されるきざしがつくり出されていった。

　音楽をみると、ジェローム・カーン（一八八五〜一九四五年）によってすべてが始まったと言ってよい。彼は一九二七年にオスカー・ハマーシュタインの台本に『ショーボート』を作曲するが、これは現代的な意味でのミュージカルというジャンルの最初の作品と考えられている。

音楽愛好家および専門家*は、ミュージカルの定義づけを、歌によって筋がすすむ音楽つき演劇とすることで一致している。つまり形式的には対話と歌または合唱が交互に現われることになる。しかし時には台詞による対話がなく音楽だけで構成される作品もあり、オペラに近くなっている。

一九三五年、ジョージ・ガーシュイン（一八九八〜一九三七年）は『ポーギーとベス』を上演するが、これはミュージカルであると同時にオペラでもある。

「ミュージカル」のフランス語訳「コメディ・ミュジカル」は、これが十八世紀の「オペラ・ブッファ」に相当するような軽いジャンルであることを示唆している。しかし実際は、「ミュージカル」にはあらゆるテーマ、あらゆる主題をもってくることができる。『ヘアスプレー』（一九八八年）ではアメリカの人種差別を、『サウンド・オブ・ミュージック』や『キャバレー』（一九六六年）ではナチズムを、『ウェスト・サイド・ストーリー』（一九五七年）ではふたつの集団社会間の対立を描く。

『キス・ミー・ケート』のコール・ポーター（一八九一〜一九六四年）、『オクラホマ』や『王様と私』のリチャード・ロジャース、『オン・ザ・タウン』や『ウェスト・サイド・ストーリー』のレナード・バーンシュタイン（一九一八〜九〇年）などは、アメリカやイギリスでは大変に民衆的なジャンルであるミュージカルの代表的作曲家であり、同時に、クラシック音楽の教養とそこから深く影響を受けた書法を持っている。

フランスでは、「クラシック音楽の」大音楽教師として名高いナディア・ブーランジェ（一八八七〜一九七九年）に教えを受けたミシェル・ルグラン（一九三二年生まれ）が、映画音楽（『シェルブールの雨傘』

一九六四年、『ロシュフォールの恋人たち』一九六七年、ジャック・ドゥミの映画二本）などで活躍している。

「映画音楽」の項参照。

ミュージック・コンクレート（具体音楽）

ある作曲家が直接、日常の雑音や、演奏家を介せずにディスクや磁気テープにあらかじめ録音した音を使って作曲する場合、その作品はミュージック・コンクレートの範疇に入る。

一九一三年、ルイージ・ルッソロが発表した〔音楽における〕未来派の宣言「雑音芸術」が、この新しい音楽の形の原則を示したが、これに実際に息を吹き込んだのは、ようやく二十世紀なかば、フランスのピエール・シェフェール（一九一〇～九五年）である。彼は『騒音による五つのエチュード』（一九四八年）を作曲し、フランス国営放送局内にミュージック・コンクレートのグループを創設する。『エチュード』のうち三曲ははっきりとその性格を示している。「当惑、または回転遊戯盤によるエチュード」「押しつけ、または機関車によるエチュード」「悲愴、または鍋によるエチュード」。具体音楽の創始者ピエール・シェフェールは、この音楽を「あらかじめ録音した具体的かつさまざまな音の素材を、磁気テープ上でコラージュしたり組み合わせたりしたもの」（ユニヴェルサリス百科事典、「ミュージック・コンクレート」の項）だと定義した。

技術的には、作曲家は選択した音の素材を変化させ、編集し、ミキサージュする。つまり、音を分析または合成する行為と言える。

ミュージック・コンクレートの代表作曲家として、ピエール・シェフェール以外に、ピエール・アンリ（一九二七年生まれ）、フランソワ・ベイル（一九三二年生まれ）、カールハインツ・シュトックハウゼン（一九二八〜二〇〇七年）などがいる。

かつては「コンクレート」、現在は「電子音響」と呼ばれるこの形態の音楽の誕生と発展は、二十世紀の技術革新と関わっている。

「現代音楽」の項参照。

民衆音楽

ここで言う「民衆音楽」とは、民衆の中に根をはり、農作業、祭り、葬儀、思い出のひとときなど、昔から人びとの生活のさまざまな機会を彩ってきた音楽のことをいう。かつては農業地帯だったヨーロッパでは、民衆音楽とはつまり農民の音楽だった。ハンガリーの作曲家ベラ・バルトークによると、「単純でたいていが荒削りだが、決して愚鈍ではない民衆音楽は、音楽蘇生の出発点として理想的で、新しい可能性を探求する作曲家には最良の教師である」[1]という。

（1）参考文献【53】。

イギリスの水夫の「ホーンパイプ」や、フランス・オーベルニュ地方の農民の舞曲「ブーレ」など、ダンスは、作曲家たちのインスピレーション源となる前に、多くの場合過酷な日常を表現する手段だった。

芸術音楽と民衆音楽が密接にかかわっている見事な例を示したのは、ゾルタン・コダーイ（一八八二

〜一九六七年）であろう。ブダペストで哲学を修していた二十三歳のとき、家族と少年時代を過ごしたガランタに戻ることを決意する。音楽院の学生でもあった彼は、幼い頃に聞いた古い民謡を収集するべく、子供時代の友人たちに会いにいく。その時彼は、農民やジプシー（ツィガーヌ）たちに歌い継がれていたメロディーを録音しようと、蓄音機を携えていた。一か月のあいだに一〇以上の村を訪れ、一五〇曲ほどの歌を集めた。数か月後コダーイは、ベラ・バルトークとともにハンガリーのあらゆる民衆音楽のレパートリーを体系的に収集する旅に出る。最初の民謡集は一九〇六年に出版されるが、これはコダーイの全作品の音楽的な基盤となった。

「アコーデオン」の項参照。

盲目

ベートーヴェンの耳が聞こえなかったことは、音楽好きでなくとも多くの人が知っているが、視力を失った作曲家も幾人もいる。ヨハン・ゼバスティアン・バッハとゲオルグ・フリードリヒ・ヘンデルはともに、晩年に、イギリスのジョン・テーラーという眼科医による手術がもとで目が見えなくなっている。クラシック音楽の巨人*がふたりも、同じ医師と不吉な出会いをしたのだ！　この医師がもとでバッハとヘンデルの視力はみるみる落ちて全盲となった（バッハの場合はおそらく一七五〇年の死にもつながった）。ヘンデルはオラトリオ*『イェフタ』（一七五一年）の作曲中、「主よ、あなたの勅令はなんと暗澹たるものなのか」という部分を音楽にしていたとき、手を休め、脇にこう書き記す。「ここに来て、左目の視力が弱ったため、もう続けることはできない。」ヘンデルは「弱ったため」という言葉をかき消して、「あまりにも弱って」と書き直している。手術が不成功に終わった後の一七五二年にも、ヘンデルにはまだ、遺書とも言える文章を書く力が残っていた。「子供はそこにいて、あまりにも重いかつらにつぶされそうになりながら、もう動くことができないでいる。年老いた盲目の子供（略）。盲目となっても、私の光は私自身が知っている。誰も、目の見える私を閉じ込めることはできないのだ。[1]」

（1）参考文献【54】。

一方バッハであるが、言い伝えによると、晩年に目が見えなくなっても、オルガン*のためのコラール*『主の王座の前に我出（いで）ん』を娘婿ヨハン・クリストフ・アルトニコルに口述したという。もともと視力が弱かった彼は、ろうそくの火のもとで何時間にもわたって音楽を書き、写したというが、それならば、音楽史上でも最高峰に位置する天才の哀れな結末は、驚くに値しないことなのかもしれない。彼の息子の一人、カール・フィリップ・エマヌエル・バッハ（一七一四〜八八年）は、テイラー医師の手術後の数週間の様子を語っている。「もう視力を取り戻せないだけでなく、それまで健康だった体は、手術によって完全に弱ってしまった。（略）死の一〇日前、目の状態は突然良くなったかのように思われ、ある朝、よく見え、光に耐えることができた。しかし、数時間後（略）そして、六十六歳で、安らかに（略）息を引き取ったのである。[1]」

（1）参考文献【55】。

われわれに近い時代では、オルガニストで作曲家のルイ・ヴィエルヌ（一八七〇～一九三七年）、アンドレ・マルシャル（一八九四～一九八〇年）、ガストン・リテーズ（一九〇九～九一年）、ジャン・ラングレ（一九〇七～九一年）、ルイ・ティリー（一九三五年生まれ）がいる。皆盲目で、世界に名を馳せたオルガンのフランス楽派を代表する偉大な演奏家である。彼らは皆国立盲学校で学んでいる。点字〔フランス語でブライユ〕を発明したルイ・ブライユもこの学校の出身で、彼自身オルガニストであった。

木管楽器

バスーン（ファゴット）、クラリネット、イングリッシュホルン、リコーダー、フルート、オーボエ、オーボエ・ダモーレ、サクソフォン等々、木管楽器には多くの楽器があり、その種類も多彩だが、共通しているのは、音をだすために、マウスピース（フルート）またはリード（クラリネットはシンプルリード、オーボエはダブルリード）を使用することである。

「オーケストラ」の項参照。

モテット

モテットとは、おもに宗教的な性格を持つ、多声部*による楽曲である。その起源は十三世紀にさかのぼり、その歴史には世俗的な曲もみられる。モテットは五世紀以上にわたって流行したが、その後もすたれることなく作曲されている。ヨハン・ゼバスティアン・バッハはモテットを比類なき高みにまで引き上げた。十九世紀にはフェリックス・メンデルスゾーン、ヨハネス・ブラームス、フランツ・リスト、さらにアントン・ブルックナー（一八二四〜九六年）などが、二十世紀にはフランシス・プーランク、モーリス・デュリュフレ（一九〇二〜八六年）、ジョン・タヴナー（一九四四〜二〇一三年）などが見事な作品を残している。

モテットは、古フランス語で「言葉」を意味する語と、その指小辞「モテルス」から生まれた言葉である。一二三〇年頃にモテットが生まれた時には、曲は二声部のみから成っていたが、そのあと、だんだんと凝ったつくりになっていった。ヨハン・ゼバスティアン・バッハは、モテット『精霊は我らが弱きを助けたもう』で、それぞれ四声からなる二重合唱*、つまり八声部が同時に歌う曲を導入している。

モテットには、ア・カペラ*で歌うものや、単に通奏低音*を伴って歌うものあれば、オーケストラ*全体が、各声部に重ねて演奏（コラ・パルテ）したり、独自のパートを演奏したりするものもある。モテットという言葉には、多重的に花開いたさまざまな様相が含まれている。「このような変移にもかかわらず、あらゆる時代のあらゆるモテット、少なくとも大部分のモテットには、ある共通点を見つけることができる。それは、文学的な感性が明確に表現されているということだ。モテットは、それを彩るテキストにつねに大きな関心を示しているのである。[1]」

（1）参考文献【56】。

夜想曲

夜想曲〔仏語でノクテュルヌ〕はもともと、音楽家の小グループが野外で演奏する余興の音楽だった。十八世紀にはイタリア語で「ノットゥルノ」、ドイツ語で「ナハトムジーク」（「カサシオン」の項参照）とも呼ばれた。ロマン派*の時代には、夜想曲はまったく別の意味を持つようになり、自由な形の、どちらかといえば短いピアノ*曲を指すようになった。アイルランドの作曲家でピアニスト、ジョン・フィールド（一七八二〜一八三七年）は、この意味でのジャンル〔ノクターン〕に道を開いた。夜想曲はフレデリック・ショパン、ガブリエル・フォーレ、クロード・ドビュッシーなどと切り離せないジャンルである。

夜想曲はオーケストラ*のための曲でもある。その多くは弦楽器*のために書かれているが、ピアノ曲にあった親密または幻想的な性格を保っている。例として、クロード・ドビュッシーの『管弦楽のための夜想曲』（一八九七年作曲）や、ベンジャミン・ブリテンの『テノール、ホルン、弦楽合奏のためのセレナード』（一九四三年作曲）などがある。

気ままな判断はもちろん別にして、有名どころというのは科学的判断の範疇には入らない。それは作曲家がまだ存命中ならなおのことだ。そのときどきの時代の好みや名声など、時には「こんなものが？」というような考えともからんでいる。音楽史には、その時代の人びとにはあまり評価されなかった反面、現代では天才と考えられている作曲家の例にこと欠かない。モーツァルト、バッハ、ヴィヴァルディ（一六七八〜一七四一年）の例を見れば一目瞭然だ。

モーツァルトは存命中、ピアノ*のヴィルトゥオーソ*性やオペラによって、ウィーンでは高く評価されていた。モーツァルトが、みずから演奏するコンサートを開催すると、いつも満員だった。オペラに関しては、ウィーンには人気作曲家がたくさんいたので、競争率はずっと高かった。とは言え、もしミロス・フォアマンの映画*『アマデウス』（一九八四年）がなかったら、現在、（同時の人気有名作曲家だった）アントニオ・サリエリのことを知っている人は何人いるだろう？

ヨハン・ゼバスティアン・バッハは、その豊かな音楽人生の果実を収穫する晩年になって、賞賛されていたというよりは、敬愛されていた。一七四〇年ごろの人びとにとってバッハといえば、息子のヨハン・クリスティアンかカール・フィリップ・エマヌエルのことで、決してヨハン・ゼバスティアンのことではなかったのだ。理由は二つある。一つは、彼の作品は複雑すぎると考えられていたこと。二つ目はもっと一般的で、十八世紀後半の音楽愛好家*はおのずとその時代の音楽を聞いており――それは私たちの時代で言うと現代音楽*に相当するのだが――過去の音楽には興味がなかったからだ。複雑で古い音楽。バッハの晩年には、彼の音楽は、人びとからこのようにとらえられていたのである。
ヴィヴァルディの例を見てみよう。彼がウィーンで誰からも忘れ去られて貧困のうちに晩年を過ごし亡くなったということの説明に窮するのではない。問題は、つい最近まで、彼のオペラがほとんど上演されなかったということなのだ。彼のオーケストラ曲や宗教曲が昔から認められ、例として頻繁に引用されてきたにもかかわらず、オペラは上演されないだけでなく、上演の機会があればあったで、非常に厳しく不可解な批判の嵐を巻き起こしていたのである。ヴィヴァルディ自身の言によると九四曲もあるオペラが、コンサート形式で上演され、録音されるようになるには、二十世紀のおわりまで待たなければならなかったのだ。それまでの長いあいだ、彼のオペラには悪いイメージ（インスピレーションに乏しい、台本が駄作など）がつきまとっていた。多作な彼自身の作品群と競合することにもなり、オペラはなかなか日の目をみることがなかったのである。そこで、多作な作曲家全般について、次のような問いが出てくる。後世の目で見れば、天才と多作は相容れるものなのだろうか？

　それに、ひとつの時代に二人の天才のための活躍の場が同時にあるということは確かではない。専門家は、分類に都合のいいような時代区分をつくることだけに飽き足らずに、まるで、一度に一人以上の作曲家に光を当てることが無理だと言っているかのようだ。

　そのような例で最も顕著なのが、おそらくヨーゼフ・ハイドンだ。人びとは、モーツァルトと同時代を生き、友人だったハイドンに、交響曲*や弦楽四重奏*の父という地位を喜んで与えている。それでも彼を最高峰に持ってくるには不充分なのだ。しかし考えてみれば、モーツァルトが二流の作曲家に、自作の弦楽四重奏曲を六曲も献呈するだろうか？　またはハイドンについて「彼だけが私に微笑みをもたらし、魂の底から感動させる秘訣を知っている」などと書くだろうか？

有名・著名であることについて考えていくと、一見突飛だと思われるような、次の問いが出てくる。すなわち、「音楽史上、モーツァルトが二人いる余地はあるだろうか？」レオポルドとフランツ・クサーヴァーの運命を見ると、答えはもちろん否である。レオポルドはヴォルフガング・アマデウスの父だった。フランツ・クサーヴァーはヴォルフガングの息子たちのうちの一人だった。ふたりとも音楽家で作曲家である。フランツ・クサーヴァーは、父の影で音楽家として生きていくことがどれだけ大変なことかを知り尽くしていて、自分の作品にヴォルフガング・アマデウス・モーツァルトと署名したくらいだ。もう一人の息子カール・トーマスはミラノで公職に就き、母の意向を尊重して音楽家になることはなかった。いわく「私ではなく、当時二歳になったばかりの弟が音楽家になると決められた。当時はこれに満足できなかったが、その後、熟考の末、これに大変満足し、著名な父を持つ息子は、その父と同じ職業につくべきではないと納得した。[1]」

（1）参考文献【57】。

ユーロヴィジョン

テレビで流れるマルカントワーヌ・シャルパンティエの音楽。たった八小節だけのこの抜粋が、現在知られているだけでも五五〇曲以上を数え、ルイ十四世が賞賛したという他の彼のどの作品よりも、シャルパンティエの名前を一般に知らしめることになったのだ。
一九五四年三月、フランス国営放送は、ヨーロッパ・ラジオ・テレビ共同体に、生まれたばかりのユーロヴィジョン〔欧州でのテレビ・ラジオの国際中継放送システムで、音楽番組などの生中継も行なう〕のテーマ曲として、シャルパンティエが一六九〇年頃に作曲した『テ・デウム』のプレリュード*を使用することを提案した。

ティンパニとトランペットが祝祭的な雰囲気を存分に伝えるこの曲は、放映テクニックという観点で見ると、番組の重要性を予告する。クレジットタイトルにこの曲が使用された番組が初めて放映されたのは、一九五四年六月六日、スイス・モントルーの伝統的なナルシス祭りであった。番組はベルギー、デンマーク、フランス、ドイツ、イタリア*、オランダ、イギリスに同時中継された。この日テレビで番組を見たごくわずかの人びとは、この序奏的な八小節のあとに、ソリスト、合唱*、オーケストラ*を駆使した、純粋なルイ十四世の時代の伝統にのっとった祝祭音楽が続くとは知らなかったであろう。また、死後すぐに忘れられてしまったシャルパンティエという作曲家についてもまったく知らなかったに違いない。

シャルパンティエは控えめな人物だったという。音楽家としては、まったく同時代を生きたジャン＝バティスト・リュリのような名声に満ちたキャリアを積むこともなかった。病気のため、一六八三年に行なわれた王室シャペルの音楽監督の選抜試験を受けることもできなかった。公職を得ることがなかったシャルパンティエだったが、ルイ十四世からその才能を認められ、多くの式典の音楽を受け持った。

しかし彼は公式に認められなかったことを悩んでいたらしい。それは、彼自身が考案した次のような墓碑銘に表われている。「私は音楽家だった。良き音楽家たちの中では良いとされ、無知な音楽家たちの中では無知だとされていた。私を軽蔑していた人びとの数は賞賛していた人びとの数よりも多かったゆえ、音楽によって私が得た栄誉は、たくさんの任に比べればほんの少しだった。生まれてきてこの世に何ももたらさなかったので、何も持たずに死んでいった。」

ら行

ライトモティーフ

ドイツの文学者で出版業者ハンス・フォン・ヴォルツォーゲン（一八四八～一九三八年）と、オーストリアの作曲家で音楽学者のアウグスト・ヴィルヘルム・アンブロス（一八一六～七六年?）。この二人のうちどちらが最初に、リヒャルト・ワグナーの音楽の特徴を指すために「ライトモティーフ」という言葉を使ったのか、今でも論議が絶えない。

確かに、この言葉は現在ではワグナーの作品と切っても切り離せない関係にあるが、ワグナー自身はまったく使うことがなかった。彼は「グルントモティーフ〔基本モティーフ〕」または「ハウプトモティーフ〔主要モティーフ〕」という言葉を使っていた。

ライトモティーフは、登場人物、場所、もの、状況、感情などと結びついた音楽的アイデア〔動機など〕のことである。ワグナー作品に出てくるライトモティーフをリストアップするには途方もない労力を要する。『ワグナーの楽しみ方』[1]の著者クリスティアン・メルランは、四部作『ニーベルンゲンの指輪』（一八七六年）に出てくるライトモティーフの数を九一としている。これらの変形体を数えると莫大な数になるはずだ。

（1）参考文献【58】。

クロード・ドビュッシーは、ユーモアを込めてライトモティーフのことを「楽譜の中で道に迷った人びとのための道しるべとなるような柱[1]」だと語っている。

（1）参考文献【58】引用。

リヒャルト・ワグナーの前にも、グレトリ（一七四一〜一八一三年）、ケルビーニ（一七六〇〜一八四二年）、メユル（一七六三〜一八一七年）、ウェーバー（一七八六〜一八二六年）などの作曲家が、人物や状況を性格づける定型的旋律を用いている。モーツァルトもすでに『ドン・ジョヴァンニ』（一七八九年作曲）でこれを用いている。

ラメント（哀歌）

深い感情で嘆きを表現する「ラメント」は、歌唱と朗詠を緊密に一体化させた音楽ジャンルである。悲劇的様式において右に出るものはないイタリアの音楽家たちは、「レチタール・カンタンド〔歌いながらの語り〕」と表現する。ラメントは十七世紀に生まれ、誕生したばかりのオペラ*にその居場所を見いだした。

クラウディオ・モンテヴェルディは、現在では失われてしまった彼の二作目のオペラ『アリアーナ』のなかで「ラメント」を作曲している。『アリアーナ』で現在知られているのはまさにこの短いが気高い「ラメント」のみである。イギリスのヘンリー・パーセルは、オペラ『ディドとエネアス』（一六八九年作曲）の中で、ディドに胸が締め付けられるようなラメントを歌わせている。

エクトル・ベルリオーズはオペラ『トロイの人びと』（一八六五年作曲）の中で、オーケストラだけの「ラメント」を書いている。

その精神においてラメントに近いが宗教的なインスピレーションを伴ったものとして、預言者エレミアの嘆きをうたう「哀歌」または「ルソン・デ・テネーブル」と呼ばれるものがある。

リート（ドイツ歌曲）

リート（複数形はリーダー）とはドイツ語の詩に多くの場合ピアノ*伴奏付きの音楽をつけたもので、ロマン*派の時代に開花したジャンルである。哲学者で音楽評論家のマルセル・ボーフィスは、「リートであり得るのは、ロマン派でドイツのものだけである[1]」と言っている。

（1）参考文献【59】。

まったく完璧と言えるリートを六〇〇曲以上作曲しているフランツ・シューベルトは、作曲家の内面に親密に迫るこのジャンルの最大の代表者である。彼は『美しき水車小屋の娘』（一八二三年）、『冬の旅』（一八二七年）などの歌曲集のほか、『糸を紡ぐグレートヒェン』（一八一四年）、『魔王』（一八一五年）、『死と乙女』（一八二六年）、『岩の上の羊飼い』（一八二八年）などの有名な歌曲を残している。

「リート」がドイツの民衆音楽*としての歌（フォルクスリート）に深く根をおろしているのに比べ、「メロディー」と呼ばれるフランス歌曲は時代的にリートよりも遅れて現われ、サロンやエリート芸術家たちとつながっている。

中世の大衆歌（フォルクスリート）と十七世紀の芸術歌（クンストリート）に起源を発するリートがその形を整えたのは十八世紀おわり（カール・フィリップ・エマヌエル・バッハ、モーツァルト）から十九世紀はじめ（ベートーヴェン）にかけてである。

詩が持っている強い表現力やインスピレーションの豊富さ、そしてほとんど音楽的ともいえる性格は、作曲家にとって刺激的であると同時に多くを要求される。

ロベルト・シューマンはリートに魅了され、グスタフ・アドルフ・ケーファーシュタイン牧師に次のように語っている。「もうこれからは、声楽のために、小さな曲か、またはそれより少し大きな曲しか作曲しません。器楽曲に比べて声のために曲を書けることがどんなに喜ばしいことか、そして作曲しているときにそれが私の中にどんな気持ちをもたらすか、なかなか言葉では表わせません。(1)」

（1）参考文献【60】。

詩の作者を語らずにリートを語るのは、本題から逸れるというものだ。そうだと納得するには、シューベルトが音楽をつけた詩を朗読したり、『美しき水車小屋の娘』（一八二三年）と『冬の旅』（一八二七年）の詩人であるヴィルヘルム・ミュラー（一七九四〜一八二七年）の次の告白を読むだけで充分である。「私は音楽を演奏したり歌ったりすることはできないが、詩作をするときには、歌い演奏している。もし自分で旋律をつくることができたなら、私のリートは今よりも好かれることだろう。しかし、彼が私と同じような魂を見いだし、言葉の奥に込められた旋律をつかみとって、私に還してくれるものと、信頼を込めて期待している。[1]」

（1）参考文献【61】。

ヨハン・ヴォルフガンフ・フォン・ゲーテ（一七四九〜一八三二年）の詩は、モーツァルト、ベートーヴェン、シューベルト、シューマン、ブラームス、フーゴー・ヴォルフなどに着想を与えている。

リートの多くは独唱とピアノのために書かれているが、複数の声部*のためのリート（シューベルトの『水の上の精霊の歌』、一八一七年）や、オーケストラ*伴奏付きのもの（グスタフ・マーラーの『大地の歌』、一九〇八年、リヒャルト・シュトラウスの『四つの最後の歌』、一九四八年）もある。

リートという言葉は、声楽とはまったく関係ない楽曲にも使われている。たとえばメンデルスゾーンが一八三〇年から死の年まで作曲したピアノ曲集『無言歌（歌詞のないリート）』などである。

レチタティーヴォ

語りであると同時に歌いでもあるレチタティーヴォは、礼拝朗唱に結びついた歌唱法である。その種類には「セッコ」と「アコンパニャート」があり、前者は通奏低音*が、後者はオーケストラ*が伴う。

オペラ*の場合、レチタティーヴォは話を進める役割を持っている。十八世紀には世俗的、宗教的な両方のレパートリーで使用されていたが、十九世紀に、歌とレチタティーヴォが混ざったアリオーソにとってかわられ、徐々に消滅する。

二十世紀にはいってから、レチタティーヴォは、ドイツ語でシュプレヒゲザングと呼ばれる、歌と台詞との中間的な唱法として新しく生まれ変わった（アルノルト・シェーンベルグ、アルバン・ベルグ）。

ロマン派音楽

ロマン派は、音楽の分野になる前に、ドイツで生まれてヨーロッパ中に広まった文学運動だった。それは「シュトルム・ウント・ドラング」つまり「嵐と情熱〔衝動〕」という意味の運動がもととなっているが、それは音楽にも見られる（カール・フィリップ・エマヌエル・バッハなど）。創造性、反抗的な激情、自由がそのキーワードである。作曲家たちは自分自身の感情や迷いを芸術的な土壌として利用した。「私の音楽作品は、私自身の痛みの理知性によって存在している。痛みのみが生み出す理知性が、世界で最大の喜びをもたらすように思われる。(1)」とシューベルトは書いている。

ロマン派は普通、十九世紀とともに生まれたとされている。しかし十八世紀おわり、モーツァルトの晩年の作品ではすでにロマン派の性格が見て取れる。

（1）参考文献【62】。

「後期ロマン派」または「ポスト・ロマン派」という概念は、ロマン派の終わりをどこで区切るかが大変に難しいことを明白に物語っている。それは、他の芸術分野や美学運動と同様である。

最も知られたロマン派の作曲家には、ルードヴィッヒ・ファン・ベートーヴェン、フランツ・シューベルト、ロベルト・シューマン、フェリックス・メンデルスゾーン、フレデリック・ショパン、エクトル・ベルリオーズ、ジュゼッペ・ヴェルディ、ヴィンチェンゾ・ベッリーニ（一八〇一～三五年）、ガエタノ・ドニゼッティなどがいる。ロマン派の運動はつねに変化し続け、それぞれの作曲家が独自性を持っているので、これを単一の運動とすることは不可能である。

この時代は、スター制度が生まれた時代だった。フレデリック・ショパンやフランツ・リストはヨーロッパ全土で喝采を受けた二大スターだった。ヴァイオリンでも同じような現象が見られた（ニコロ・パガニーニ、一七八二～一八四〇年）。

多くのロマン派の作曲家が、忘れられ時代遅れとされていた音楽家を再発見したことは注目に値する。例として、フェリックス・メンデルスゾーンは一八二九年にバッハの『マタイ受難曲』を指揮し、ヨハネス・ブラームスは自分が指揮するコンサートのプログラムに十七～十八世紀の作曲家の作品をよく組み入れた。また、聴衆が過去の演奏家に興味を示し始めたのもこの時代である。

わ行

和声（ハーモニー）／管楽器

この言葉は、音楽家にとってだけでなく、誰にとっても最も美しい言葉の一つであろう。ハーモニーとは、何より、美しく均整のとれた最高のバランスを象徴する言葉であるが、音楽においては、複数の声部*による楽曲の縦方向の構造のことを指す。つまり和音のことである。ちなみに横方向の構造は対位法である。

オーケストラ*においては、フランス語でアルモニー（ハーモニー）というと管楽器の全体を指し、プティット・アルモニー（木管楽器*）とグランド・アルモニー（金管楽器*）に分けられる。

さらに、オルケストル・ダルモニー、または単にアルモニーというと、管楽器、打楽器*にコントラバスを加えたブラスバンドのことを指す。

訳者あとがき

本書は、Thierry Geffrotin, *Les 100 mots de la musique classique*（Coll. « Que sais-je ? », n°3930, PUF, Paris, 2011）の全訳である。

著者はラジオをおもに活躍するジャーナリストで、国営局であるフランス・ミュージック、フランス・アンフォ、フランス・アンテールなどを経て、民営局ユーロップ・アン（Europe 1）の編集長となり、二〇一一年からは同局の文化局の局長を務めている。オルガニスト、チェンバロ奏者、テノールとして演奏もするかたわら、変わったところではアルフォンス・アレー・アカデミー会員（アレーは十九世紀フランスのユーモア作家）、アメリカ・ナッシュヴィル市の名誉市民という肩書きを持ち、広範な活動を展開している。

ここには、カサシオン、ビニウー、フリカッセ、ユーロヴィジョンなど、日本ではあまりなじみのない言葉や、フランス語では同じ言葉でも、日本語に訳すと複数の意味を持つ言葉（譜面台と楽器パート、和声と管楽器など）、さらには普通の音楽辞典では見出し語としては見つからないが音楽を語るには有用な言葉（音楽習得、試験、盲目など）が収録されており、時には面白いエピソードを交えて語られている。著者自身がまえがきで明言しているとおり、語彙選択は個人的な体験によるところが大きい。その例として著者は、あるラジオ番組でアコーデオンに関するみずからのエピソードを語っている。ピアノを習い始めた七歳の頃、練習がちゃんとできているだろうかと不安がってレッスンに行くと、アコーデオンの教師でもあったピアノ教師のもとには何人ものアコーデオンの生徒がいて、当時一般的に流通していた「時代遅れで野暮ったい」という考えとはまったく異なるこの楽器の素晴らしさを、間近で体験することができたというのだ。このような人間的な視線が、この本に、ふつうの音楽辞典とは異なった魅力を添えていると言えるであろう。

訳について、以下のことを明記しておきたい。引用文は、邦訳が出版されているものも含め、すべて訳者による訳である。原版がフランス語以外の文章は、そのフランス語訳からの重訳になるため、原著から直接邦訳・出版されたものとは差がある場合がある。ご了承いただきたい。原文の文章は、場合によっては、内容に沿うように修正して訳出した箇所もある。たとえば、原著では「幻想曲」の項の最後に「ロマン派時代」の範疇に収まる曲として近代に該当する二十世紀の楽曲も挙げているが、訳では「ロマン派時代以降」とした。チェンバロについては、フランス音楽を語っている場合はクラヴサンとした。

最後に、訳出にあたってとくに「オルガン」の項で多大な援助をいただいたオルガニストのフレデリック・ムニョーズ氏と、編集の全過程で大変にお世話になった白水社の浦田滋子氏に深くお礼を申し上げる。

二〇一五年一月

岡田朋子

参考文献

【1】Felix Mendelssohn, *Lettres*, J. Hetzel libraire-éditeur, [刊行年なし].

【2】Léo Ferré, « Le piano du pauvre », 1954.

【3】Françoise Jallot, *La Lettre du musicien*. 掲載のフランソワーズ・ジャロによるインタビュー

【4】Pierre Brévignon et Olivier Philipponnat, *Dictionnaire superflu de la musique classique*, Le Castor Astral, 2008. に、いつ起こったかの詳細なしに引用されているエピソード .

【5】Philippe Beaussant, *François Couperin*, Paris, Fayard, 2007. で引用 .

【6】Guy de Pourtalès, *Berlioz et l'Europe romantique*, Paris, Gallimard, 1980.

【7】*L'Opéra et l'opéra-comique aux XIXe et XXe siècles*, Paris, PUF, « Que sais-je ? », 1971.

【8】Corinne Schneider, *Weber*, Paris, Jean-Paul Gisserot, 1998.

【9】Jean-Laurent Lecerf de la Viéville, « Histoire de Lully », *Comparaison de la musique italienne et de la musique françoise*, Bruxelles, 1705.

【10】*Premières observations sur la manière de jouer les airs de balets à la françoise selon la méthode de feu Monsieur de Lully*, Florilegium Secundum, 1698.

【11】Houston S. Chamberlain, *Richard Wagner, sa vie et ses œuvres*, Paris, Perrin et Cie, 1900.

【12】André Tubeuf, *L'Opéra de Vienne*, Arles, Actes Sud, 2010.

【13】*Lettres d'Italie du président de Brosses*, Paris, Mercure de France, 2005.

【14】*L'Opérette en France*, Paris, Fayard, 2009.

【15】*La Philosophie de George Courteline*, Paris, Mille et une nuits, 2009.

【16】*Dictionnaire de musique*, 1703.

【17】Jean-Baptiste Labat, *Voyage à Rome*, Sainte-Marguerite-sur-Mer (Seine-Maritime), Éditions des Équateurs, 2011.

【18】« L'orgue, entre roseau et synthétiseau », サン・ディエ・. デ・ヴォージュ・オルガンアカデミーのウェブサイト .

【19】Charles Burney, *Voyage musical dans l'Europe des Lumières*, Paris, Flammarion, 2010.

【20】Wolfgang Amadeus Mozart, *Correspondance*, Paris, Flammarion, 2006.

【21】Gilles Cantagrel, *Georg Philipp Telemann ou le Célèbre Inconnu*, Drize-Troinex (Suisse), Éd. Papillon, 2003.

【22】Evrard Titon du Tillet, *Vie des musiciens et autres joueurs d'instruments du règne de Louis le Grand*, 1732.

【23】Franz Xaver Niemetschek, *Description de la vie du maître de chapelle*

impérial et royal Wolfgang Amadeus Mozart, Paris, Hermann, 2006.
【24】Claude Rostand, *Brahms*, Paris, Fayard, 1990.
【25】Gilles Cantagrel, *Bach en son temps*, Paris, Hachette, 1982.
【26】In *Action. Cahiers de philosophie et d'art*, 2e année, n° 8, août 1921.
【27】Maurice Ravel, « Lettres, écrits, entretiens », Paris, Flammarion, 1989.
【28】Claude Debussy, «Lettre à André Gide, *Monsieur Croche*, 1913 », Paris, Gallimard, 1987.
【29】André Raison, « Au lecteur », *Livre d'orgue*, 1688.
【30】Nikolaus Harnoncourt, *Le Discours musical : pour une nouvelle conception de la musique*, Gallimard, Paris, 1984.〔N・アーノンクール『古楽とは何か――言語としての音楽』（樋口隆一／許光俊訳），音楽之友社 ,1997 年 .〕
【31】Patrick Gale, « Orgue mécanique et harmonia de verre », *in* «Dictionnaire Mozart » J. C. Lattès, 1990.
【32】Motu Proprio *Tra le sollecitudini* sur la musique sacrée du 22 novembre 1903.
【33】Maria Callas, *Leçons de chant*, Paris, Fayard, 1991（ジョン・アードインによるインタビュー）.
【34】Gilles Cantagrel, *Les Cantates de J.-S. Bach*, Paris, Fayard, 2010.
【35】Albert Schweitzer in *J.-S. Bach, le musicien-poète*, Leipzig, Breitkopf & Härtel, 1905. で引用 .
【36】Wilhelm Furtwängler, *Musique et verbe*, Paris, Hachette, coll. « Pluriel », 1986.
【37】Alfred Brendel, *Poèmes*, Paris, Christian Bourgois, 2001.
【38】Brigitte et Jean Massin, *Wolfgang Amadeus Mozart*, Paris, Fayard, 1990.
【39】*Voyage en Russie*, 1847, paru dans le journal *Le Magasin des demoiselles*, 1855-1856.
【40】Arnold Schönberg, *Le Style et l'Idée*, Paris, Buchet Chastel, 2011.
【41】Hector Berlioz, *Mémoires*, Paris, Flammarion, 2010 [1969].
【42】François Couperin, *L'Art de toucher le clavecin*, 1716.
【43】Germain Boffrand, *Livre d'architecture*, 1745.
【44】*Règles de composition*, Paris, 1690.
【45】Jean-Jacques Rousseau, *Dictionnaire de musique*, 1768.
【46】Philippe Beaussant, *Vous avez dit baroque*, Arles, Actes Sud, 1994.
【47】Daniela Langer, *Écrits de Leoš Janácek*, Paris, Fayard, 2009.
【48】Alberto Basso, *Jean-Sébastien Bach*, vol. I et II, Paris, Fayard, 1984-1985. で引用 .
【49】Franz Liszt, *Lettres d'un bachelier* es *musique*, Bègles (Gironde), Le Castor Astral, 1991.
【50】Donald Francis Tovey, *A companion to the Art of Fugue*, Oxford, Oxford University Press, 1974.
【51】Roger Tellart, *Le Madrigal en son jardin*, Paris, Fayard, 2004.

【52】 Christian Daniel Friedrich Schubart, *Ideen zu einer Ästhetik der Tonkunst*, Wien, 1806.
【53】 Béla Bartók, *Musique de la vie*, Paris, Stock, 1981.
【54】 Jean-François Labie, *Haendel*, Paris, Robert Laffont, 1981.
【55】 C. P. E. Bach et J.-F. Agricola, « Nécrologe de Johann Sebastian Bach », *Musikalische Bibliothek*, 1754, trad. Gilles Cantagrel, *Bach en son temps*, Paris, Hachette, 1982.
【56】 Eugène de Montalembert et Claude Abromont, *Guide des genres de la musique occidentale*, Paris, Fayard.
【57】 Walter Hummel, *W. A. Mozarts Söhne*, Cassel (Allemagne), Éditions Bärenreiter, 1956.
【58】 Christian Merlin, *Wagner, mode d'emploi*, Paris, Premières loges, 2011 [2002].
【59】 Le Lied *romantique allemand*, Paris, Gallimard, 1982.
【60】 CD *Lieder de Schumann*, interprété par Bernarda Fink, Harmonia Mundi. の解説書に引用．
【61】 CD *Winterreise de Franz Schubert*, interprété par Nathalie Stutzmann et Inger Södergren, Saphir Production. の解説書に引用．
【62】 Franz Schubert, *Journal*, 1824.

訳者略歴
岡田ヴィクトリア朋子
神戸生まれ
パリ・ソルボンヌ大学音楽学博士
同大学院音楽研究所客員研究員
専門は音楽史、音楽と美術の相関関係
フランスの音楽専門サイトResMusica.com編集委員
Classicagenda.fr,Musicologie.org他にて執筆
国際音楽評論家協会理事、フランス演劇・音楽・ダンス評論家協会会員
翻訳家、通訳。フランス文芸翻訳者協会会員
主要訳書
『西洋音楽史年表——古代から現代まで』(白水社文庫クセジュ九七〇番)
『オペレッタ』(白水社文庫クセジュ九八四番)
CDライナーノーツ和訳、日本の漫画の仏訳約三〇〇点

100語でわかるクラシック音楽

二〇一五年二月五日印刷
二〇一五年二月二八日発行

訳者 © 岡田朋子
発行者 及川直志
印刷所 株式会社 平河工業社
発行所 株式会社 白水社

東京都千代田区神田小川町三の二四
電話 営業部〇三(三二九一)七八一一
編集部〇三(三二九一)七八二一
振替 〇〇一九〇—五—三三二二八
郵便番号一〇一—〇〇五二
http://www.hakusuisha.co.jp
乱丁・落丁本は、送料小社負担にてお取り替えいたします。

製本：平河工業社
ISBN978-4-560-50998-2
Printed in Japan

文庫クセジュ

芸術・趣味

64 音楽の形式
88 音楽の歴史
158 世界演劇史
333 バロック芸術
336 フランス歌曲とドイツ歌曲
373 シェイクスピアとエリザベス朝演劇
377 花の歴史
448 和声の歴史
492 フランス古典劇
554 服飾の歴史—古代・中世篇—
589 イタリア音楽史
591 服飾の歴史—近世・近代篇—
662 愛書趣味
674 フーガ
683 テニス
686 ワーグナーと《指環》四部作
699 バレエ入門
700 モーツァルトの宗教音楽
703 オーケストラ
728 書物の歴史
734 美学
750 スポーツの歴史
765 絵画の技法
771 建築の歴史
772 コメディ＝フランセーズ
785 バロックの精神
801 ワインの文化史
804 フランスのサッカー
805 タンゴへの招待
808 おもちゃの歴史
811 グレゴリオ聖歌
820 フランス古典喜劇
821 美術史入門
836 中世の芸術
849 博物館学への招待
850 中世イタリア絵画
852 二十世紀の建築
860 洞窟探検入門
867 フランスの美術館・博物館
886 イタリア・オペラ
908 チェスへの招待
916 ラグビー
920 印象派
921 ガストロノミ
923 演劇の歴史
929 弦楽四重奏
947 100語でわかるワイン
952 イタリア・ルネサンス絵画
953 香水
969 オートクチュール
970 西洋音楽史年表
972 イタリア美術
975 100語でわかるガストロノミ
984 オペレッタ
991 ツール・ド・フランス100話

文庫クセジュ

語学・文学

266 音声学
489 フランス詩法
514 記号学
526 言語学
579 ラテンアメリカ文学史
598 英語の語彙
618 英語の語源
646 ラブレーとルネサンス
690 文字とコミュニケーション
706 フランス・ロマン主義
711 中世フランス文学
714 十六世紀フランス文学
716 フランス革命の文学
721 ロマン・ノワール
729 モンテーニュとエセー
753 文体の科学
774 インドの文学
776 超民族語
777 文学史再考
784 イディッシュ語
788 語源学
817 ゾラと自然主義
822 英語語源学
829 言語政策とは何か
832 クレオール語
833 レトリック
838 ホメロス
840 語の選択
843 ラテン語の歴史
846 社会言語学
855 フランス文学の歴史
868 ギリシア文法
873 物語論
901 サンスクリット
924 二十世紀フランス小説
930 翻訳
934 比較文学入門
949 十七世紀フランス文学入門
955 ＳＦ文学
965 ミステリ文学
971 100語でわかるロマン主義
976 意味論
980 フランス自然主義文学

文庫クセジュ

社会科学

357 売春の社会学
396 性関係の歴史
483 社会学の方法
616 中国人の生活
654 女性の権利
693 国際人道法
717 第三世界
740 フェミニズムの世界史
744 社会学の言語
746 労働法
786 ジャーナリストの倫理
787 象徴系の政治学
824 トクヴィル
845 ヨーロッパの超特急
847 エスニシティの社会学
887 NGOと人道支援活動
888 世界遺産
893 インターポール
894 フーリガンの社会学
899 拡大ヨーロッパ
907 死刑制度の歴史
917 教育の歴史
919 世界最大デジタル映像アーカイブ INA
926 テロリズム
933 ファッションの社会学
940 大学の歴史
946 医療制度改革
957 DNAと犯罪捜査